Gebirgswanderungen

Bulgarien

Vielleicht,
daß ich durch schwere Berge gehe
in harten Adern,
wie ein Erz allein;
und bin so tief,
daß ich kein Ende sehe
und keine Ferne:
alles wurde Nähe
und alle Nähe wurde Stein.

Rainer Maria Rilke

Titelbild auf dem Umschlag: Rilagebirge, Gipfelgebiet oberhalb „Straschnoto Esero" (S.90)

Hans-Jürgen Tietze

Gebirgswanderungen

Bulgarien 1987

vom 16.Juni bis 09.Juli 1987

Impressum:

Text: Hans-Jürgen Tietze
003-401101-241106
Einbandgestaltung, Bilder, Skizzen: HJT

Verlag:
BoD · Books on Demand GmbH,
In de Tarpen 42, 22848 Norderstedt
Druck:
Libri Plureos GmbH, Friedensallee 273, 22763 Hamburg
ISBN: 978-3-7693-0992-8

© 2024

Inhaltsverzeichnis

                                                              Seite
Vorbemerkungen 7

Abreise aus Leipzig über Dresden 8
Im Zug durch Ungarn und Rumänien 13
Im Zug durch Bulgarien nach Sofia 14

Ankunft im Pirin, Demjaniza 18
In der Mitte des Pirin, Besbog 22
Mosgowischka Porta, Tewno Esero 27
Jane Sandanski - im Wald ein Bär 36
Hütte Begowitza 43
Wieder Hütte Tewno Esero 48
Wichren-Hütte (über Goljam Tipiz) 56
Wichren, Kontscheto-Sattel 61
Zeltplatz am Wichren 68
Kontscheto Sattel, Schutzhütte 70
Schießplatz, Bansko 76

Im Zug nach Jakoruda, Martin 85
Im Rila, Grantschar 88
Ribni Esera 90
Hütte Straschnoto Esero 92
Hütte Maljowiza 94
Wieder Hütte Straschnoto Esero 97
Rilski Manastir, Sofia, Hotel Edelweiß 100

Sofia, Abreise aus Bulgarien 107
Im Zug, Budapest, Prag 113
Wieder in Leipzig 114

Anhang, Merkliste für Reise-Utensilien 116

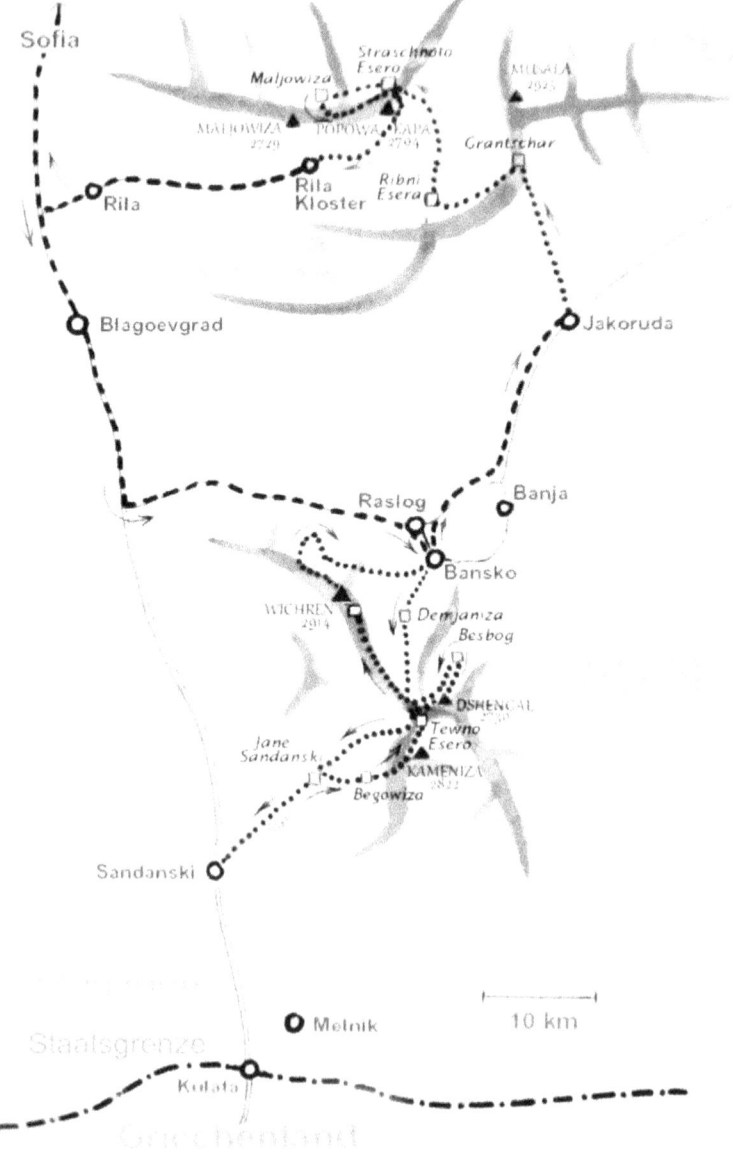

Vorbemerkungen

Wanderung in Bulgarien durch die Gebirge Pirin und Rila
vom 16.Juni bis 09.Juli 1987

Für die bevorstehende Reise hatte ich im Frühjahr 1987 an der Leipziger Volkshochschule einen Bulgarischkurs gebucht, um wenigstens eine knappe Einführung in diese Sprache zu bekommen. Unsere Sprachlehrerin war selber Bulgarin und machte das alles recht gut. Vor allem die Aussprache übte sie mit uns und die einfachsten Fragen - Bulgarisch für Touristen. Doch auf meine Frage was „Klek" sei, wußte auch sie keine Antwort. Sie meinte, das wäre irgendetwas Touristisches, irgendwas aus den Bergen - aber was? Dieses Wort hatte ich nämlich in meiner bulgarischen Bulgarienkarte gefunden. Nach dieser Karte war das halbe Pirin-Gebirge voll mit „Klek"! Was aber ist „Klek"?

Auch über die bulgarische Geschichte hatte ich mich belesen. Bulgarien soll im frühen Mittelalter einmal ein eigenes Großreich gewesen sein, bevor es dann für Jahrhunderte von den Türken beherrscht wurde. Der Name „Bulgarien" kommt aber ebenfalls aus einer Turksprache, weil eben dieses einstige Großreich von einer „bulgarischen" Herrscherminderheit („Balkaren", Kaukasus?) errichtet wurde. Diese aber bedienten sich dann auch der slawischen Sprache ihrer Umgebung.

Der bulgarische Nationalschriftsteller Iwan Mintschew Wasow (1850 - 1921) verfaßte lesenswerte Reiseberichte über die bulgarischen Gebirge, von denen ich mir einige in der Bücherei ausgeliehen und durchgelesen hatte.

Die Bulgaren schreiben wie die Russen kyrillisch. Ihr Vokabelschatz scheint dem Russischen fast gleich zu sein. Doch gerade die häufig gebrauchten Wörter und Wendungen sind ganz anders. Ein Russischsprecher hätte damit also seine Schwierigkeiten.

Zuvor war Freund Reinhold auch schon einmal in Bulgarien gewesen - um einen eventuellen „Übertritt" in den Westen auszukundschaften. Er fand aber keinen, machte dafür jedoch Bekanntschaft mit der bulgarischen Polizei. Die aber ließ ihn gnädig wieder ziehen.

Schaut man auf die Landkarte, erkennt man südlich von Sofia drei Gebirge: Witoscha, Rila, Pirin. Dort will ich hin. Danach folgt Griechenland mit dem Olymp. Das aber geht nicht. Denn wir schreiben noch das Jahr 1987. Und „eine Wende" in der damals noch ziemlich eingemauerten DDR vermochte auch zu dieser bereits vorgerückten Zeit noch keiner vorauszusehen.

Doch es gab schon eine gewisse „Reisefreiheit". Für die „sozialistischen Bruderländer" von Polen bis ans Schwarze Meer brauchte man sich nur ein Schreiben bei der örtlichen Polizeibehörde zu beschaffen und bekam dann die Erlaubnis, für 30 Tage dorthin zu fahren, wohin man wollte - vorausgesetzt, es betraf die oben genannten Länder. Für das größte Brudervolk der DDR, die große Sowjetunion (SU), ging das so einfach jedoch nicht. Viele hatten es trotzdem geschafft, auch dort ganz individuell herumzureisen - wir ebenfalls.

Abreise aus Leipzig über Dresden   **16.06.1987 Di.**

Mittags 12:23 Uhr Leipzig Hauptbahnhof, Abfahrt nach Sofia, Bulgarien. Beatrix und Angela begleiten mich zum Bahnhof - Kurswagen über Dresden direkt nach Sofia. Fahrpreis insgesamt hin und zurück 279,80 Mark der DDR, dazu zweimal Liegewagenplatzkarte je 20,40 Mark, Liegewagen, normaler Waggon zweiter Klasse. Dieser Leipziger Zug selber (der „Trakia") geht nach Varna ans Schwarze Meer. Nur ein „Kurswagen" wird in Dresden dann mit einem anderen Zug weiter nach Sofia geführt. Dieser Waggon jedoch ist von innen mit einem Vorhängeschloß abgeschlossen. Ich muß anderswo einsteigen.

Verabschiedung auf dem Bahnsteig - und ab geht es in die Ferne. Jetzt versuche ich, mich um den Kurswagen zu kümmern, denn ich will schließlich nicht nach Varna. Das jedoch ergibt nun bis Dresden einige mir unbegreifliche Merkwürdigkeiten.

Der Zugschaffner, den ich deshalb schon mehrfach fragte, kommt schließlich zu mir ins Abteil und erklärt, der bulgarische Liegewagenschaffner wäre nicht erschienen, habe es vielleicht verschlafen oder hätte die Uhr vergessen umzustellen. Dieser Waggon werde „darum" in Dresden abgehängt und fährt nicht nach Sofia. Dieser Schaffner empfiehlt mir dann auch noch, im „Trakia" einen Liegewagenplatz zu nehmen, also meine Fahrkarte von ihm entsprechend umschreiben zu lassen.

Weil ich keine Erfahrung mit diesen Zügen habe, begebe ich mich erst noch zur speziellen deutschen Liegewagenschaffnerin einige Waggons weiter vorn und frage auch die noch nach der Sachlage. Sie erklärt mir, sie fahre diese Strecke zum ersten Mal und wisse daher über die Zuganschlüsse in Bulgarien nicht Bescheid, der andere Schlafwagenschaffner einen Waggon weiter habe jedoch ein internationales Kursbuch.

Also begebe ich mich nun auch noch zu diesem Schaffner - ebenfalls einem Deutschen. Auch dieser legt mir wieder dringend nahe, bei ihm einen Platz zu nehmen. Der Zug, der dann aus Berlin nach Dresden komme (der „Panonia"), der den Kurswagen aus Leipzig nach Sofia mitnehmen soll, sei sehr voll, bei ihnen jedoch würde ich noch einen Platz bekommen. Die weiteren Zugverbindungen in Bulgarien wolle er mir dann morgen geben. Wie das Umhängen in Dresden vor sich geht, wissen beide Schaffner nicht. Die Liegewagenschaffnerin ist der Ansicht, der Zug aus Berlin würde gar nicht erst warten, weil er telegrafisch erfährt, daß der bulgarische Liegewagenschaffner nicht anwesend sei. Der Schlafwagenschaffner wiederum erklärt mir (auf eine weitere Befragung hin), der Panonia aus Berlin würde später erst eintreffen, weil es eine Fahrplanänderung gegeben habe.

Weil ich da nun überhaupt nicht mehr durchblicke, was hier jetzt eigentlich abläuft, lasse ich meine Fahrkarte umschreiben und begebe mich in das mir zugewiesene Abteil des Trakia nach Varna. Trotzdem besuche ich auch dort noch einmal den Schaffner und versuche Klarheit zu erlangen. Zuletzt, als der Zug dann in Dresden gehalten hat, frage ich ihn, ob sich die Lage jetzt geklärt habe. Dort nämlich sehe ich jetzt eine Menge Reisende mit Kraxen und Koffern auf einem anderen Bahnsteig stehen, höre aber, daß die alle nach Varna wollen und wundere mich, wieso unser Zug dann nicht auf jenem Bahnsteig hält. Der deutsche Schlafwagenschaffner erklärt mir dann auch noch (ziemlich großkotzig, wie ich finde): Ich hätte doch schließlich „Urlaub", und da wäre es doch egal, wohin ich fahre, ob nach Varna oder nach Sofia. Varna sei auch sehr schön. Dort könnte ich ein paar Tage bleiben und dann weiter (durch ganz Bulgarien) nach Sofia reisen. Das hatte zweifellos seine zwingende Logik. Der Kurswagen bleibe jedenfalls in Dresden stehen, basta! Mehr ist vorerst nicht zu erfahren. Ich frage mich allerdings, ob sich neuerdings die deutsche Reichsbahn der DDR an der Organisation meiner Riesen beteiligt.

Danach beginnt eine Rangiererei. Die beiden Waggons, der Kurswagen für Sofia und vermutlich ein Postwaggon, werden tatsächlich abgekoppelt und auf ein anderes Gleis geschoben. Der übrige Zug fährt danach auf das Gleis, wo die Leute alle warten. Da wundere ich mich dann aber schon, daß ich nun in dem zweiten abgehängten Wagen nach Sofia Leute sitzen sehe. Dann sehe ich aus dem abgehängten Kurswagen auf dem anderen Gleis auch noch den bulgarischen Schlafwagenschaffner aus dem Fenster gucken und gemütlich eine Zigarette rauchen.

Als ich darauf hin wieder die deutsche Liegewagenschaffnerin im „Trakia" aufsuche, will diese mir einfach nicht glauben, daß der bulgarische Schlafwagenschaffner da sei. Darum begebe ich mich hinaus auf den Bahnsteig, um einen dort herum laufenden deutschen Schaffner zu fragen. Der jedoch tut so, als wäre ich ein bißchen blöde und meint nur, dieser Zug fahre nicht nach Sofia, sondern nach Varna. Nach Sofia fahre der „Panonia", der aus Berlin kommt – aus!

Mehr erfahre ich von diesem Herrn nicht.

Also steige ich wieder in den „Trakia" und verhandele dort erneut mit dem Personal. Jetzt kommt mir die deutsche Liegewagenschaffnerin pampig und plärrt mich richtig an, ob ich denn nicht wüßte, was ich wolle. Jetzt wäre auch nichts mehr zu ändern, basta! Im Übrigen sei sie nach wie vor der Ansicht, daß der bulgarische

Liegewagen in Dresden bleibt. Unterdessen ist auch die Abfahrtszeit für den „Trakia" aus Dresden bereits überschritten. Er müßte in jedem Augenblick abfahren.

Ich versuche trotzdem auch weiterhin, meine Liegewagenkarte zurückzubekommen und rede energischer auf diese Frau ein. Sie aber kommt mir immer pampiger. Dann hängt sich auch der deutsche Schlafwagenschaffner noch mit in die Sache rein. Doch es nützt nichts. Schließlich lassen sie mich einfach stehen und unterhalten sich untereinander über banalen Kram. Auch ein weiterer Versuch, den Zettel zu erhalten, schlägt bei ihnen wiederum fehl. Man würde sie sonst nämlich des Betruges bezichtigen, erfahre ich noch, weil sie alles schon eingetragen hätten. Doch unterdessen erscheint es mir, als ob sie tatsächlich nur dummes Zeug reden, mich irgendwie hinhalten oder einfach für dumm verkaufen wollen. Ich werde unschlüssig. Ich möchte es nicht ganz mit ihnen verderben, weil ich immerhin noch zwei Tage von diesen Typen abhängig sein werde. So stehe ich also einigermaßen unschlüssig herum. Mit dieser Schwierigkeit gleich am Anfang der Reise hatte ich nicht gerechnet.

Doch dann plärrt mich - kurz vor Abfahrt des Zuges - die deutsche Liegewagenschaffnerin wieder an (ganz von sich aus übrigens): Was ich nun eigentlich wolle, will sie auf einmal von mir wissen, und ob ich nun das alte Billett wieder haben möchte oder nicht? Ich frage nicht mehr, sondern schnappe mein Gepäck, stürze damit vor, reiße ihr den Zettel aus der Hand und steige aus. Der Zug rollt an und fährt ab und entschwindet schließlich meinen Blicken.

Ich aber stehe mit meinen paar Sachen einsam und verlassen auf dem Bahnsteig in Dresden - Zug weg!

Weiter hinten auf dem anderen Gleis sind immer noch die beiden Kurswagen zu sehen, die von Leipzig aus bis hierher mitgekommen waren. Ich begebe mich zur Unterführung, steige hinunter, steige wieder hinauf und laufe nach hinten zu den Waggons. Dort lege ich dem bulgarischen Liegewagenschaffner die geänderte Liegewagenkarte vor. Er akzeptiert sie. Im ganzen Waggon bin ich sein einziger Gast aus Deutschland. Meine Reise in die höchsten bulgarischen Gebirge kann beginnen.

Doch wozu zuvor dieses absurde Theater? Was in den Köpfen dieser deutschen Heinis vorgegangen sein mag, bleibt mir ein Rätsel - übliche Dusseligkeit, Unwissenheit, eine dämliche kleine Gaunerei, Haß auf ihren bulgarischen Kollegen oder eine geheime Anweisung der deutschen Reichsbahn (mit Stasiunterstützung?), möglichst keine Deutschen in den bulgarischen Waggon zu lassen („laßt euch da mal etwas einfallen, Genossen!")? Doch warum das alles, wofür und wozu? War das alles geballte Inkompetenz oder listiges Kalkül? Eine Antwort auf diese Fragen habe ich nie erfahren. Jedenfalls sind diese Liegewagenschaffner ein sehr eigenes Völkchen, vielleicht auch mit ganz eigenen, ungeschriebenen Gesetzen? Ich habe es versäumt, den bulgarischen Schaffner danach zu befragen. Vielleicht war der ja erst in Dresden zugestiegen? Das alles interessierte mich jetzt im Moment aber nicht mehr. Denn der „Panonia" aus Berlin rollt ein, hängt unsere zwei Wagen an. Und auf einmal erscheint alles wieder ganz einfach und trivial.

In Bad Schandau kommt der Zoll und will meine paar Lewa sehen. Statt der 183 Lewa, die ich bei mir habe, zählt dieser Beamte immer wieder 193 Lewa. Erst beim dritten Mal Zählen bequemt er sich, einzusehen, daß es tatsächlich nur 183 Lewa sind, wie ich auf dem Formular angegeben habe. Sollte dieser Typ unbedingt „was finden", gehörte auch das zu einem mir unbekannten Kalkül?

Dann passiere ich zum zweiten Mal in meinem Leben im Elbsandsteingebirge die Grenze zur CSSR. Bei Usti nad Labem kann ich den Schneckenstein betrachten - bekannt von dem Gemälde Ludwig Richters. Er enttäuscht mich einigermaßen. Auf Richters Bildern und Skizzen sieht er gewaltig und dominant aus. Hier versteckt er sich klein und bescheiden unter hohen Gebirgszügen.

Direkt zu seinen Füßen befindet sich obendrein ein nicht sonderlich romantisches Elbewehr. Der Wasserstand ist hoch, die Farbe des Flusses ist tiefbraun. Diese Farbe kommt ersichtlich aus einem Nebenfluß in die Elbe hinein.

Und dann fahren und fahren und fahren und rollen und rollen. Es ist gemütlich, so auf der Liege zu liegen im Liegewagen. Hier vergeht jetzt nicht nur die Zeit Stunde für Stunde, auch draußen vor den

Zugfenstern schiebt sich das Land unablässig an mir vorbei - Kilometer um Kilometer - „Weg und Zeit" also, wie wir das einst in der Schule gelernt hatten.
    21:45 Uhr, es wird dunkel. Der Ort Zvetla-Zastavka ist erreicht. Bei Havlickuv Brod gehe ich schlafen.

Im Zug durch Ungarn und Rumänien   **17.06.87 Mi.**

    3:50 Uhr Paßkontrolle bei einem Bahnhof, der Sturnowo oder Sturowo heißt. Es geht hinein nach Ungarn. Aus dem Abteilfenster ist die Donau zu erkennen. Später dann längerer Halt in Budepest Nyugati. Die Lok befindet sich jetzt am anderen Ende des Zuges.
    7:45 Uhr, ungarische Paßkontrolle (Czukor) Mesötur. Der Himmel ist bedeckt.
    9:30 Uhr, Rumänien ist erreicht, langer Halt auf dem Bahnhof Curtici. Hier befinden wir uns nun tatsächlich in einer anderen Welt, wie es ganz den Anschein hat, offenbar auch „ideologisch" anders - Ceauşescus kommunistische Bananenrepublik. Und hier findet nun eine sehr eingehende Zugkontrolle statt. Kein blinder Verschlag bleibt ungeöffnet, denn offenbar könnten überall Konterbande stecken - so aus sozialistischem Bruderland ins sozialistische Bruderland. Dem Abteil gegenüber auf dem Bahnsteig lungern einige fette Zivilisten bei einem Zoll-Raum, in dem ein Haufen Waren malerisch unordentlich herum liegen - Zigarettenstangen und viele bunte Dinge, die ich nicht näher zu bestimmen vermag. Viel Militär (meist schlanke, drahtige Männer) ist auch unterwegs. Einzeln Gruppen ziehen mit Leitern und Lampen durch den Zug, inspizieren Verschläge, durchsuchen Abteile, tragen schwere Taschen durch die Gänge. Mein Gepäck, die Kraxe und der grüne Beutel, werden nicht durchsucht.
    11 Uhr, Arad ist erreicht. Im Zug ist ein starkes Begängnis im Gange. Etliche Rumänen klappern die Abteile ab, wollen Zigaretten oder Geld tauschen. Ich habe die Abteiltür von innen verriegelt. Ebenso wird auf der anderen Seite vor dem Fenster gerufen. Kinder

springen über die Gleise und klettern über die Puffer benachbarter Züge. Später, mit weiterer Fahrt ins Landesinnere, gibt sich diese auffällige Geschäftigkeit. Dafür ist jetzt viel Stacheldraht zu sehen, welcher Häuser und Gärten umgibt. Fabriken werden von Wachtürmen bewacht wie bei uns die Russenlager - und überall Soldaten.

16:40 Uhr, ein weitläufiges Gebirgspanorama tut sich auf: Carpati-Brasov. Eine zweite Lokomotive wird vor den langen Zug gespannt, denn nun geht es aufwärts auf den Paß hinauf und hinüber über die südlichen Karpaten. Azuge, Busteni - hohe, schroffe Gipfel werden sichtbar. Und es ist kühl geworden. Auf einem dieser Gipfel steht ein riesiges Kreuz als Metallkonstruktion. Danach geht es wieder abwärts in die Ebene - Walachei.

20:45 Uhr, wieder wird die Fahrtrichtung geändert. Der Zug verläßt Bucuresti (Bukarest). Schlagartig ist es dunkel geworden. Von der rumänischen Hauptstadt sehe ich nichts, nur ein paar Straßenbahnen hinter einer Mauer.

Im Zug durch Bulgarien nach Sofia   18.06.87 Do.

0:00 Uhr, Mitternacht, Grenzkontrolle in Russe, Bulgarien ist erreicht. 6:00 Uhr, Mesdra, jetzt ist es hell geworden. Der Zug rollt durch ein malerisches, enges Gebirgstal - Balkan.

Ich blicke aus dem Fenster und schaue zu, wie sich vor mir die vielen Wagen des langen Zuges durch die Kurven schlängeln - ein imposanter Anblick. Das Tal weitet sich schließlich, macht einer Ebene Platz, wo ein Stück voraus Sofia liegen muß. Aus dem Dunst der Ferne erhebt sich über dem flachen Land wie eine blasse Wolke das Witoscha-Gebirge. Ich bin angekommen - allein im Ausland, fern im Süden hinter dem Balkangebirge.

Sofia ist erreicht, Hauptstadt Bulgariens, „Zentralna Gara", Hauptbahnhof. Ich steige aus und stehe wieder ganz allein auf dem Bahnsteig, befangen von einer gewissen Ratlosigkeit.

Was nun? Wie weiter?

Es war noch früh am Morgen, und ich habe Zeit, mich in der Stadt nach Bussen noch weiter nach Süden in die Berge zu erkundigen. Erst einmal suche ich die Bahnhofshalle, schaue mich um, versuche, mich mit den zehn Worten Bulgarisch, die ich vorsichtshalber gelernt habe, zu erkundigen. Hier und da spricht jemand etwas Deutsch. Eine brauchbare Auskunft bekomme ich nicht. Aber bereits hier kann ich einen Stadtplan von Sofia kaufen sowie Fahrkarten für die Straßenbahn.

In einem Winkel entdecke ich ein Hinweisschild auf Deutsch, daß es die Liegewagenkarten für die Rückfahrt nicht auf dem Bahnhof, sondern im Reisebüro „Rila" in der Gurkostraße gibt. Diese ist damit mein nächstes Ziel - aber nicht leicht zu finden. Die Verständigung bleibt schwierig. Doch ich finde immer wieder freundliche Leute. Im Stadtplan ist diese Gurkowstraße auch keineswegs unter „Gurkow" zu finden, sondern vielmehr bei: „Gen. Gurko Josif W." Auf dem Reisebüro geht dafür auch gleich alles klar. Ich zahle noch fünfzig Stotinki und habe einen Liegewagenplatz für die Rückfahrt.

Danach kaufe ich Ansichtskarten und bekomme sogar noch eine Wanderkarte vom Rila-Gebirge. Ich finde auch eine Post und schreibe Karten nach zu Hause (8 Stotinki) und sogar nach Georgien mit Luftpost (20 Stotinki). Die Georgier im fernen Tiflis sollen wissen, daß wir nicht auf ihren Kaukasus angewiesen sind, mit dem sie so zach waren.

Dann suche ich nach der Straßenbahnlinie, die zum Autobusbahnhof „Sapad" fährt, und begebe mich dorthin. Auf dem Autobusbahnhof kaufe ich eine Busfahrkarte bis Bansko, 7,20 Lewa. Doch der Bus fährt erst 14:54 Uhr. Ich habe also noch Zeit. Der Himmel ist blau, kaum Wolken. Und es ist warm. Ich habe jetzt den Eindruck, Sofia sei eine schöne Stadt - sauber und gepflegt.

An einem Kiosk kaufe ich mir für 30 Stotinki 200 ml eines Apfelgetränkes des Namens „Jablki". Ich schreibe noch ein paar Ansichtskarten und suche einen Briefkasten. Es dauert lange, bis ich endlich herausgefunden habe, daß hier die Briefkästen in den Straßenbahnwagen hängen. Vorn an der ersten Tür befindet sich jeweils ein Schlitz für die Post.

Meine Bushaltestellte liegt in einem Park. Schüler in Schulkleidung spazieren darin herum. An der Haltestelle warten Leute. Der Bus kommt pünktlich. Es sind zwei Busse. Meine Karte gilt für den zweiten Bus. Die Karten sind mit den Sitzplatznummern nummeriert. Ich steige ein - und los geht es bis zum Ort Bansko, nördlich zwischen Pirin-Gebirge und Rila gelegen.

Beide Gebirge konnte ich aus dem Bus heraus betrachten - mächtige Bergmassen, die sich da aus dem flachen Land emporhoben und vor denen Sommerwolken schwebten, welche von den fernen Gipfeln überragt wurden.

Die Straße führt zunächst auf eine Anhöhe hinauf, und die Landschaft ringsum wird etwas trockener, „arider". Zur Linken „am Himmel" ist schon das Rilagebirge zu erkennen.

Im Dunst liegt es weiß und mächtig da, wie ein riesiger, breit gelaufener Pfannkuchen. Und dahinter erscheinen auch schon bald die Berge des Pirin wie eine spitze Pyramide. Dort oben ist alles weiß. Dort werde ich wandern.

In einigen Städten hält der Bus etwas länger. Hier kann man aussteigen, Wasser trinken, etwas einkaufen. Ein Mann hockt am Straßenrand mit einem Bund Zwiebeln und einer Personenwaage. Ich überlege, ob ich ihm die Zwiebeln abkaufe. Doch er erscheint mir zu dubios. Tage später zeigt es sich, daß ich dieses Bund Zwiebeln nicht mehr aus dem Kopf kriege.

Es geht über den Predel-Paß zwischen den beiden Gebirgen. In Bansko steige ich aus und frage nach der Unterkunft. „Molja, kdje e turistitscheskata spalnaja? So ist sie bald gefunden.

Bei der Abfertigung in dieser Herberge bekomme ich zwei Stempel in meinen DDR-Personalausweis gedrückt. Nur hier und später auch wieder in Sofia machen sie das so.

Mir wird ein Dreibettzimmer mit Waschbecken und Schlüssel zugeteilt. Ich bleibe aber allein im Zimmer. Es ist noch Vorsaison. Die Übernachtung kostet vier Lewa, also 12,80 Mark. Nachdem ich das Gepäck abgestellt habe, gehe ich einkaufen.

Es ist zwar schon spät, aber die Läden haben hier auch länger geöffnet. Manche machen überhaupt erst am Abend auf. Das erscheint mir nicht ohne Logik zu sein. Ich kaufe ein Weißbrot.

Vor den Häusern sitzen alte Frauen in Gruppen beisammen, eine dreht die Spindel und hat einen Wollebausch in den Händen. Die Jugend flaniert wie überall, präsentiert sich und weiß vielleicht nicht so recht, was sie anfangen soll mit diesem Abend. Es gibt hier auch ein Hotel. Souvenirläden finde ich, alte Bauernhäuser sind zu sehen, wie sie hier so sind - nicht all zu groß. Wein rankt sich über die Höfe.

Mein erster Eindruck von Bulgarien nach diesen wenigen Stunden ist gut. Ich finde sogar, daß sich hier womöglich vernünftigere Ansatzpunkte für eine weitere Entwicklung finden lassen als bei uns daheim in der DDR. Von Rumänien, soweit ich es aus dem Zugfenster einsehen konnte, hatte ich jedoch einen schlechten Eindruck - steif, reichlich Stacheldraht, viele Uniformen, bettelnde Kinder, graue Landschaften.

In Bansko sichtete ich auch das erste DDR-Auto - einen Trabant. Später werden mir noch etliche DDR-Touristen mit Auto begegnen.

Dann sitze ich wieder im Zimmer und meditiere ein wenig. Jetzt bin ich also „da", nämlich dort, wo ich seit Monaten, vielleicht schon seit Jahren immer mal sein wollte. Und ob ich nun mag oder nicht, ab jetzt „muß ich wandern". Und auf einen Schlag spüre ich das ewige Rinnen der Zeit wie eine mächtige, unaufschiebbare Gewalt. Die Zeit ist immer mit dabei.

Ankunft im Pirin, Demjaniza   **19.06.87 Fr.**

10 Uhr, und ich befinde mich am Abzweig des Weges zur Hütte Demjanitza - asphaltierte Landstraße. Wo der Wald anfing, stand ein alter Herr und verteilte an jeden Wanderer ein grünes Merkblatt über den „Volkspark Pirin", für mich auch gleich schön in bestem Deutsch. Kommen hier so viele Pirinwanderer vorbei? Papier kann man immer verwenden. Ich lese auch etwas darin: „Übertretungen

der Gesetze und Bestimmungen werden mit einer Geldbuße bis zu 200 Lewa geahndet". Zelten - einfach so - ist hier verboten. Darum habe ich auch kein Zelt mitgenommen. Man sagt, die Bulgaren wären „die Preußen des Balkans". Wir werden sehen. Jetzt geht es weiter nur noch bergauf - und schnauf und schnauf, denn die Kraxe wiegt schwer.

Neunhundert Meter muß ich heute nach oben - bis auf 1895m. Ein fettes Weißbrot wollte auch noch mit. Und diese Brote wiegen ihr Gewicht. Doch ich bin bester Stimmung. Ich hätte ja auch mit einem Bus oder mit einem Auto mitfahren können, zumindest bis zur Hütte „Wichren" hinauf. Das ist alles glatte Straße. Doch das habe ich ganz bewußt gelassen, schließlich möchte ich wandern.

Die Landschaft hier unten zwischen Rila und Pirn gleicht der Thüringens. Unterdessen hat sich der Himmel bezogen. Das schöne Wetter scheint erst mal vorbei zu sein. Ab und zu regnet es sogar ein wenig. Darauf muß man gefaßt sein.

Viele Autos und Busse passieren die Straße, auf der ich immer noch entlang stake. Zwei DDR-Autos kommen von oben herab. Aus einem dieser Autos wird mir zugewinkt. Diesem Winker werde ich dann später in einer Hütte wieder begegnen, „Autowanderer" - heranpreschen, abstellen, loslaufen, zurückwandern, weiter preschen, abstellen …

13:30 Uhr, Hinweisschilder, Wegemarkierungen,
Julenski skok.
14:30 Uhr, Wasserfall Demjanitza 1750m,
15:00 Uhr, Hütte Demjanitza.

РАЗПИСКА
Серия ЗА   Nr. 0024444
Подписаният Ханс Юрген Тице
от гр. Безбог
1 x 3.55

Der Wald ist schütter geworden - Waldgrenze. Im Tal weiter aufwärts wird es kahl und felsig und weiß. Auf der Hütte ist viel Betrieb, irgendein Club oder eine Brigade kommt an - aber nicht zu Fuß, vielmehr mit einem geländegängigen LKW bis fast hierher. Ganz bis zur Hütte aber hatte ihnen ein Lawinenrest die Weiterfahrt versperrt. Sie schippen eifrig. Doch zuletzt schleppen sie ihr Gepäck selber bis zur Hütte hinauf - Kästen mit Getränken, Bier, Säcke mit Brot, Zwiebeln, Knoblauch, Fleisch. Einige habe auch eine Angel mit. Sogar mit Moped ist ein Bulgare bis zur Hütte gefahren. Zuletzt allerdings mußte auch er schieben - mit laufendem Motor. Soviel also zum „Volkspark".

Nach einiger Zeit bemerke ich dann auch zwei Deutsche unter den Gästen, die gerade von oben herunterkamen.
17 Uhr, ich habe nach der Übernachtung gefragt und die Kraxe in der Hütte gelassen. Ein großer Raum mit vielleicht zehn Doppelstockbetten - die beiden Deutschen sowie ein Tscheche und ich werden hier schlafen. Dann habe ich noch einen Spaziergang unternommen, einen Aufstieg nach Osten in Richtung „Gaseiski Zirkus". „Zirkus" heißen hier die Hochtäler, die anderswo auch Kar oder Holet (etc.) genannt werden.

Die Sonne kommt hervor und brennt warm auf der Haut. In einer klaren Wasserrinne zwischen Knieholz kann ich mich einmal gründlich waschen. An kriechenden Sträuchern wachsen Unmassen von Wachholderbeeren. Überall rauscht das Wasser. Von einem Felsabsatz habe ich einen Rundblick über diesen Teil des Tales der Demjanitza. Gegenüber an einem Sturzbach erkenne ich winzige, sich bewegende rote Punkte. Es sind Touristen, die auf dem steilen Pfad dort oben der Wichren-Hütte zustreben.

Da wäre ich nun also tatsächlich „da". Doch ich empfinde nichts bei diesem erhebenden Gedanken. Vielleicht bin ich demnach ja doch noch nicht „da"? Und wo sollte das auch sein, dieses „Da-Sein"? Das frage ich mich jetzt tatsächlich. Es ist einfach nichts - nur als wäre dies nun eben so, als wäre es das Natürlichste, Trivialste von der Welt, hier zu sein. Doch ich bin ja auch noch gar nicht hier. Dieses Pirin ist tatsächlich nur ein „narodni Park" ein „Volkspark" -

und damit ein erweiterter Arm des allgegenwärtigen Gesetzes - mit seinen Krakenarmen. Das signalisiert mir schon die wilde Truppe dort unten in der Hütte. Etwas weiter abwärts erblicke ich eine Gemse, weiter hinten große Schneefelder. Dort will ich hin. Und richtiges Wasser fließt hier überall - klar, kalt. Man kann es sofort trinken.

Am Abend findet im „Speiseraum" der Hütte eine große Bulgarenfete statt an voll besetzter Tafel. Es geht lange und laut. Die Zivilisation tobt, Kampfauftrag: Erringung der letzte Höhen des Landes, hart umkämpft, fast besiegt. Ich muß zum Ohropax greifen. Die Übernachtung kostete 3,40 Lewa.

In der Mitte des Pirin, Besbog   20.06.87 Sa.

Abmarsch in Richtung „Mosgowischka Porta". „Porta" werden hier die Pässe genannt, die tieferen Bergeinschnitte oder Sättel in den Bergketten. Das Pirin ist aber kein Kettengebirge wie die beiden Tatras oder wie die Südkarpaten oder wie der Kaukasus. Das Pirin bildet (wie weiter im Norden das Rila-Gebirge) ein „Gekräusel" von Auffaltungen und Abtragungen in allen Richtungen, eine Art liegendes Skelett mit vielen Verzweigungen fast gleichmäßig nach allen Seiten.

„Mosgowischka Porta" ist einer der höchsten und zentralsten Sättel in diesem Gebirge, den ich aber nicht übersteigen will. Erst einmal möchte ich zur Hütte Bes Bog auf 2240 Meter. Ich weiß es aber noch nicht sicher, ob ich das auch so „mache". Die beiden Deutschen, die gestern von oben kamen, hatten mir nämlich Angst gemacht. Sie warnten mich vor Schneefeldern. Dort könne man gefährlich abrutschen oder einbrechen. So ganz klar ist mir das aber noch nicht, ob es wirklich so schlimm ist.

Es ist wolkig, als ich losziehe. Der Mond steht abnehmend und hoch am Himmel. Er zeigt an, wo sich die Sonne bald über den Bergen zeigen muß.

9 Uhr und Rast. Ich schaue zurück ins Tal hinunter, durch welches ich soeben aufgestiegen bin. Weit dort unten zeigen sich Leute. Der erste Blick durch mein Fernglas beschert mir einen Mann, wel-

cher sich in der Bergwelt erleichtert, sowie einen Angler, der in der Demjanitza sein Glück versuchen will.

    Ловљт и риболовјљт забранени?
    Охота и сыбная ловля!
    Jagen und angeln verboten!
    Hunting and fishing vorbidden!

9:30 Uhr, Rast auf dem Weg in grauem Gras.

    Der Himmel zieht sich zu. Der Bergbach, ein Stück hin, schießt unter einer dicken Schneebrücke hervor - Reste einer Lawine. Im Süden hängt zwischen zwei Bergen der typische, steile Bergsattel dieser Gebirge, die Mosgowischka Porta - vollkommen weiß, völlig mit Schnee bedeckt und auch an den Seiten mit Schnee flankiert. Nur die noch steileren Felsen der Berge zur Seite zeigen einiges Grau. Doch wir haben Sommer und selbst noch im Schnee vor meinen Füßen tauchen jetzt kleine, violette Krokusse auf. Und bis in höchste Höhen finde ich Kuhfladen. Hier oben ist offenbar überall Weideland. Noch ganz oben in den Kolken der Bäche beobachte ich große Forellen.

    11:30 Uhr, Golemoto Esero („großer See"?). Hier oben scheint der Schnee des langen Bergwinters gerade erst weggetaut zu sein - vor zehn Tagen - sagten mir einige Bulgaren. Das Gras darunter ist noch schmutzig grau und feucht.

    An einigen Stellen entdecke ich jetzt auch regelrechte „Müllhalden". bestehend aus leeren, verrosteten Blechdosen. Ich vermute, daß sich die Hirten daraus ernährten, wenn sie im August, September hier oben waren - also nicht unbedingt die „unbelehrbaren" Wanderer oder Berg-Touristen.

    Außer den Krokussen finde ich hier oben noch keine Bergblumen. Auf den alten Kuhfladen wächst hier und da ein tintlingsartiger Pilz. Er hat schwarze Blätter und einen schwarz bereiften Stiel bis zur dünnen Manschette. Der Himmel ist nun ganz bedeckt, und die Wolken senken sich langsam auf die höchsten Gipfel hinunter.

Im Übrigen wird mir jetzt bewußt, daß in der schweigenden Bergwelt hier oben selbst die kleinen Schneefelder oder bloße Schneereste eine heimtückische Gefahr für den einsamen Wanderer bergen. Man kann auf den vielen Blocksteingeröllen einbrechen und sich dabei einfach nur böse einklemmen oder den Fuß verrenken. Mehr ist nicht nötig, um hier oben in Frost und Eis liegen zu bleiben. Ich werde vorsichtiger, bleibe aber optimistisch. Man muß eben dauernd aufpassen. Oder wie der Spruch verlautet: „Eher stolpert man über einen Stein als über einen Berg"

Auf dem See schwimmen alte, milchige Eisschollen. Von der Nacht sind dünne Häute frischen Eises übrig geblieben. Ein feiner Graupel beginnt vom Himmel herab zu rieseln.

12 Uhr, ich habe die „Dschengalska Porta" erreicht, die höchste Stelle bis jetzt, 2500m. Von hier aus kann ich in das andere Tal, in den „Popowski Zirkus", schauen. Weiterhin Graupelschauer. Im Os-

ten tauchen zwischen den Wolken ab und zu die Berge der Rhodopen auf - gewaltige Bergmassen, hoch und mit Schneeflächen bestreut. Von hier aus erscheinen die höchsten Erhebungen dort drüben wie ein einziger, kegeliger Berg.

Ein kleiner Vogel mit hellem Rücken und blutroten Flügeln (nur die Unterseiten?) macht sich laut zwitschernd am Felsen zu schaffen.

13 Uhr, immer noch Rast. Ruhepuls: 96/Min. Beim Wandern heute habe ich bisher gesichtet: Eine Gruppe hinter mir mit Kraxen in Richtung Mosgowischka Porta und eine Gruppe ohne Gepäck von dort kommend. Auf meinem jetzigen Weg befindet sich niemand außer mir. Es ist gewissermaßen ein „Nebengleis" in diesem kleinen Gebirge.

Gewaltig ragt im Süden ein schwarzes Felsmassiv in den Himmel. Wäre ich Bergsteiger, müßte ich jetzt dort hinauf. Aber ich bin kein Bergsteiger. Und bin auch nicht bekümmert darum. Es handelt sich um den „Dschengal". Das ist nun aber ein türkischer Name. Hier zeigt sich, daß es offenbar die Türken waren, die diesen Bergen zuerst die Namen gaben - nicht die hier heimischen Bulgaren. Die „entdeckten" ihre Berge erst viel später. Dann aber sollten „ihre Berge" in einer großen Aktion alle umbenannt werden - in Bulgarisch. Wie weit sie mit dieser Aktion gekommen sind, ist mir nicht bekannt geworden. Aber ich weiß nun, daß diese Berge alle auch in den Büros noch eine zweite Existenz besitzen.

Westlich vom Paß, im Norden, dehnt sich schräg ein riesiger Geröllhang irgendwo zu einem Gipfel hinauf. Und ich muß weiter. Jetzt geht es abwärts über ein langes, steiles Schneefeld. Der Schnee ist weich. Ich kann die Hacken gut eindrücken. Aber die Schuhe und Strümpfe werden arg naß dabei.

14 Uhr, Mittagsrast, bedeckter Himmel. Von dem großen See „Popowo Esero" fällt das Wasser in breiten Kaskaden in andere Seen. Dann komme ich an einem „historischen Punkt" vorbei (laut Karte) - ein großer, einzelner Felsblock - daneben Steine aufgeschichtet - vielleicht eine alte Hirtenbehausung?

Heute habe ich noch ein gutes Stück zu wandern, nämlich um den Gipfel des Berges Besbog zur Hütte gleichen Namens. Im felsigen Gelände ringsum halte ich mich dazu weit oben. Die Sicht bleibt gut. Doch der Verlauf des Weges ist nicht ganz klar. Schnee hat die Pfade verschüttet. Schließlich quere ich hoch oben am Hang ein sehr steiles Schneefeld. Hier habe ich schon einige Mühe, mich auf der Schräge zu halten und muß die Schuhe sehr fest eindrücken, um nicht abzurutschen.

Von der Kraxe habe ich den unteren Gurt gelöst, damit ich die beiden Stelzen fest in den Schnee drücken kann, falls ich doch mal abgleiten sollte. Einmal passiert das auch. Und es hilft tatsächlich, die Fahrt in die Tiefe zu bremsen.

Nachdem ich den letzten Bergwall überstiegen habe, bin ich auch wieder auf dem markierten Weg. Weiter unten liegen vor mir der See und dahinter die Hütte. Noch weiter im Hintergrund erstrecken sich Wälder. Dort geht es abwärts in Richtung Dobrinischte. Bevor ich die Hütte erreiche, habe ich noch ein kurzes, aber steiles Schneefeld hinabzusteigen.

Gegen 18 Uhr befinde ich mich in der Hütte. Es ist ein großer Neubau, eigentlich fast schon ein kleines Hotel. Die alte Hütte, so erfahre ich, soll dereinst eine Lawine in den See geschoben haben.

Solche Hütten sind hier offenbar vor allem für den „Wintersport" gedacht. Ich sah auch einen Skilift am Hang. Im Übrigen scheine ich heute der einzige Gast in der Hütte zu sein. In der Kantine sitzen Bauleute. Einer von ihnen spricht etwas Deutsch, zwei andere etwas Englisch. Ein Tee wird mir serviert. Er schmeckt nach nichts - wie warmes Wasser. Ich bekomme ein Zimmer zugewiesen, zwei Doppelstockbetten, 3,55 Lewa.

19:30 Uhr, ich bin allein im Zimmer und lege mich schlafen. Auf dem langen Gang vor dem Zimmer laufen die ganze Nacht lang Leute hin und her. Früh, noch vor sechs Uhr, beginnt eine Frau zu singen, langgezogene - sehr orientalisch klingende Melodien - vielleicht eine Türkin?

„Bes Bog" dürfte auf Deutsch „ohne Gott" bedeuten - und auf eine doch schon recht einsame Gegend hier oben hindeuten. Nun ja, für weitläufige Einsamkeiten sind diese Gebirge hier dann doch etwas zu klein.

Mosgowischka Porta, Tewno Esero   21.06.87 So.

6 Uhr Landregen, Ruhepuls 68, Höhe 2240 Meter.

Die ganze Nacht lang hat es geregnet. Die Sicht ringsum ist schlecht, das Gelände nebelverhangen. Alles liegt grau in grau, man kann kaum fünfzig Meter weit sehen. Das ist eigentlich kein Wetter zum Wandern - zum einen wegen der schlechten Orientierung, zum anderen wegen der Nässe, die in die Kleidung dringt - und man weiß nicht, wann die wieder trocken werden wird.

Doch ich hatte in Leipzig schon vorgesorgt und habe mir neben der großen Gummijacke aus dunkelgrauem Zeltbodenstoff noch eine Hose aus hellem PVC-Plastmaterial genäht. Eigentlich dürfte damit nichts passieren – dachte ich. Daher beschließe ich, trotz des schlechten Wetters aufzubrechen. Das Wetter kann noch tagelang so bleiben. Meine Zeit aber ist begrenzt. Heute möchte ich noch die Hütte „Tewno Esero" auf der anderen Seite der großen Nord-Süd-Wasserscheide erreichen, und zwar über die „Demirkapia" und vorbei am „Kralew Dwor" - alles Bezeichnungen aus der bulgarischen Karte. Was sie im Einzelnen bedeuten, das weiß ich nicht so recht.

Weil nun das Wetter aber so ungünstig ist, beschließe ich doch lieber, den mir teilweise bereits bekannten Weg über die „Dschengalska Porta" einzuschlagen. Das bedeutet zunächst, einfach nur wieder den Weg von gestern zurückzuwandern.

Doch wo befindet sich dieser Weg heute?

7:30 Uhr Abmarsch. Dabei erkenne ich gerade noch so das rechte Seeufer, an dem ich vorbei muß. Das andere Ufer ist schon nicht mehr zu sehen. Nach Überschreiten eines Baches wandere ich an diesem entlang und dann bergauf und wieder auf diesen Wall von gestern zu. Ich komme auch oben an - dort aber nicht mehr in meine alte Spur - überall nur Schnee, links und rechts Kniehholz - der berüchtigte „Klek" - dazwischen Steine, Felsen, Blöcke.

Ein Stück quäle ich mich durch das tropfnasse Kieferndickicht - alles niedrige, aber sehr gesunde Stämme, die sich teilweise armdick hier überall in den Weg stellen, erst flach über dem Boden, dann im

Bogen nach oben strebend. Hinter diesem borstigen Kieferndickicht scheint es irgendwie weiter zu gehen.

Dann klettere ich über graue Gesteinshalden, auf denen die gelb-grünen Flechten glitschig aufgequollen sind. Und schon erscheint vor mir erneut eine Barriere aus „Knieholz". Es ist teilweise mannshoch - schwarze, dicke Äste, die sich in einem verfilzten Gewirr über dem steinigen Boden ausbreiten, dazu kaum Sicht, wie es dahinter weiter geht. Und alles tropft.

Ich muß umkehren. Unter meiner so schön wasserdichten Regenmontur bin ich ins Schwitzen gekommen. Jetzt ist tatsächlich alles feucht - außen wie innen. Und ich muß den ganzen riesigen Hang wieder absteigen. Manchmal ist mir dabei, als höre ich Stimmen aus Richtung der Hütte. So weit bin ich von dort auch noch gar nicht weg. Zur Not könnte ich immer noch umkehren. Suchen sie mich vielleicht, weil ich bei diesem Nebel einfach abmarschiert bin? Doch eine solche Vermutung ist hier in Bulgarien wohl eher unbegründet.

Wieder unten am Hang lege ich meine Kraxe erst einmal gut sichtbar ab und begebe mich dann auf die Suche nach meiner gestrigen Spur im Schnee. Diese finde ich schließlich und markiere sie mit einem Stock. Als ich zur Kraxe zurückkomme, schälen sich grau zwei Gestalten aus dem Nebel - zwei Bulgaren, Angler. Sie rufen mich an und fragen, ob ich auch in Richtung Tewno Esero will. Es sind Leute, die beim Bau der Hütte beschäftigt sind und heute offenbar ihrem Sonntagsvergnügen, dem Angelsport, nachgehen wollen. Das Wetter dazu ist allerdings alles andere als einladend. Ich schließe mich ihnen an.

Die beiden Männer tragen Gummistiefel mit dicken Sohlen und schlagen diese kräftig in den Schnee, so daß ich ihnen mühelos das steile Schneefeld hinauf folgen kann. Dann aber haben auch sie Mühe, den richtigen Weg zu finden. Immer wieder schränkt der Nebel die Sicht ein. Und der Schnee, besonders aber die Lawinen des Winters, decken die Wegemarkierungen zu. Es geht hoch und runter und runter und hoch. Laufend muß Knieholz umgangen werden. Auf der bulgarischen Landkarte des Pirin wird das Knieholz als „Klek" bezeichnet (клек – pinus mugo).

Das also ist nun „der Klek" - ein undurchdringliches, zähes, hinderliches, dickes Geäst aus „Latschenkiefern" oder „Krüppelkiefern" - die aber keineswegs „verkrüppelt" sind, die vielmehr (auf ihre Art) einen sehr gesunden Eindruck machen. Sie kriechen hauptsächlich am Boden entlang und bilden anmutige, grüne Büsche. Sie scheinen überall zu wachsen, wo sie nur wachsen können - so vielleicht wie anderswo das Unkraut wächst.

Ein wesentliches Problem dabei bildet aber auch der Untergrund, auf dem diese zähen Sträucher gedeihen: Blockfelder, auf denen schon ein Laufen ohne solche zusätzlichen Behinderungen zum Problem werden kann. Und zuweilen ist dann auch kaum noch ein Durchkommen, es sei denn mit gewaltigen Mühen und trotzdem nur im Schneckentempo.

Jetzt stelle ich fest, daß meine gute, selbstgenähte PVC-Hose und die Gamaschen aus dem gleichen Material überall geplatzt sind - nicht aber aufgerissen von den spießigen Ästen des „Klek", sondern einfach wegen der Kälte. Dieser Kunststoff verträgt die tiefen Temperaturen nicht, er versprödet. Und jede etwas mehr beanspruchte Falte bricht einfach. Die beiden Angler sind viel besser gekleidet als ich. Sie haben dicke Lodenhosen an und eine Armeejacke darüber. Als Regenschutz tragen sie weite Regencapes oder einfach eine Plane aus weichem Plast, die oben zusammen gebunden wird. Das ist auch günstiger, denn naß wird man sowieso, weil man schwitzt. Und ich schwitze enorm, denn die Angler legen ein ziemliches Tempo vor. Diese beiden sind Männer, die mich an westliche Fernsehreklame erinnern, wo von irischer Frische und Männerfreiheit die Rede ist - sie schlittern die Schneefelder hinunter, als ständen sie auf Skiern. Einer brach dabei auch mal ein, drehte sich dabei und rutschte dann auf dem Rücken mit dem Kopf voraus weiter bergab. Jedesmal, wenn wir an einen Bergbach kamen, knieten sie an diesem und tauchten ihr Gesicht in das eisige Wasser.

Von oben immer wieder Regenschauer. Der Nebel scheint etwas lichter zu werden.

9:30 Uhr, ich habe mich von den Anglern getrennt, weil ich doch lieber den alten Weg suchen will und dazu nicht erst noch weiter ins Tal hinab zu den Seen absteigen möchte. Sie gehen weiter zum Popowo Esero. Ich will hinauf zur Dshengalska Porta. Meine Schuhe sind pitschnaß - so, als wäre ich mit ihnen durchs Wasser gewatet. Auch ansonsten scheint alles, was ich anhabe, durch und durch feucht zu sein. Durch die Wanderung mit diesen Hüttenleuten bin ich ziemlich außer Atem gekommen. Jetzt muß ich langsamer gehen. Aber ohne sie hätte ich auf dieser Strecke bis hierher weit mehr Probleme gehabt.

11 Uhr befinde ich mich kurz vor dem ersten Paß und habe leichte Schwindelgefühle - vermutlich Überanstrengung. Viel Traubenzucker habe ich gegessen in den letzten Tagen - eine etwas einseitige Ernährung. Traubenzucker soll man überhaupt nur unmittelbar während körperlicher Leistung essen, ansonsten mobilisiert er nur den Magen sowie sämtliche Verdauungsdrüsen - ohne daß es etwas zum Verdauen gäbe. Traubenzucker geht direkt ins Blut, sehr schnell, innerhalb von wenigen Minuten. Das habe ich später einmal von einem wandernden Arzt erfahren. Es ist ja auch plausibel. Ich glaube, beim Aufstieg an einem Hang ist dieser Zucker von Nutzen, ansonsten zur Ernährung sind Haferflocken, Knäckebrot, gewöhnlicher Zucker besser geeignet.

12 Uhr stehe ich wieder oben auf dem Paß „Dshengalska Porta". Das Wetter ändert sich. Es wird heller. Jetzt taucht für Sekunden ab und an sogar schon mal die Sonne auf, und ich bin froh, daß ich schon so weit gewandert bin. Auf dem Grat fliegt wieder der blutrote Vogel (starengroß) hin und her.

Von der Uhr ist das Lederarmband gerissen. Ich muß sie jetzt in der Tasche mit mir herumtragen. Die Gamaschen waren übrigens auch eine Fehlanschaffung. Ich hatte sie so genäht, daß sie über die Schuhe zu ziehen und unter den Sohlen festzubinden sind. Aber der feuchte Schnee drückt sich beim Laufen von unten zwischen Gamaschen und Schuh nach oben und bleibt dort kleben. Die Hosen sind überall feucht, mehr vom Schweiß als vom Regen. Statt dieser komischen Hosen hätte ich mir zu Hause lieber so etwas wie eine Art

Rock aus gummiertem Zeltbodenstoff nähen sollen und auch nur gegen den gröbsten Regen von oben.

15 Uhr bin ich am Fuße des Passes „Mosgowitschka Porta" angekommen, und es scheint dies der Tag der Pleiten und Pannen geworden zu sein. Die Hosen und Gamaschen habe ich ausgezogen, fest gefaltet, zusammen gedrückt und tief unter einem Stein vergraben. Vielleicht komme ich in etlichen Jahren hier wieder einmal vorbei und kann sie ausbuddeln, um dann zu schauen, wie sich dieses Plastmaterial weiter zersetzt hat. Vermutlich aber werde ich diese Stelle gar nicht wiederfinden.

Gegen 13 Uhr war ich am Verzweigungspunkt gewesen, wo der Weg zum Popowo Esero von dem zum Tewno Esero abgeht. Dort wollte ich mir eine halbvolle Fleischbüchse warm machen, eine warme Suppe kochen und suchte mir zu diesem Zweck eine windgeschützte Stelle zwischen großen Felsbrocken. Direkt neben mir murmelte anmutig ein Bergwasser unter einer dicken Schnee- und Eisdecke. Der Blick schweift weit und ungebunden über die gegenüber liegenden Hänge - alles Fels und Schnee und Schnee und Fels. Und ich bin allein und weit und breit der einzige Mensch hier oben. Das alte, wehmütige Liedlein fällt mir ein:

… und in dem Schneegebirge, da fließt ein Brünnlein kalt.
Ich hab daraus getrunken, ich hab daraus getrunken,
so bleib ich jung, werd' nimmer alt … ?

Ja, jetzt bin ich wirklich „da", bin angekommen - endlich!

Aus flachen Steinen, wie sie überall herumliegen habe ich ein winziges Öfchen gebaut und habe halbwegs trockene Kiefernzweige dazwischen geschichtet, dazu etwas Papier und trockenes Gras. Außerdem hatte ich noch drei Rollen „Bussard Brennstofftabletten" bei mir, Hartspiritus der Firma VEB Bussard-Chemie, Radebeul.

„Nicht in geschlossenen Räumen verwenden!
Bei Sauerstoffmangel entstehen gesundheits-
gefährdende Gase!   Trocken lagern!"

So ist auf der Packung zu lesen.

Mein Feuerzeug finde ich nicht. Es ist irgendwo tief in der Kraxe verschwunden. Die Streichhölzer hatte ich wie auch den „Hartspiritus" wasserdicht in Polyethylenfolie eingeschweißt. Das alles ist absolut trocken. Auch in der Umgebung wird es trockener. Die Sonne scheint schon öfter durch die Wolken. Und der Regen hat ganz aufgehört.

    Не пали огьн!
    Не зажигать огня!
    Hier kein Feuer machen!
    Do not make fire!

Nun aber ein Feuer anzünden! Die Streichhölzer dazu sind alt. Sie zünden alle wie Feuerwerkskörper - aber brennen nicht. Schließlich brennt dann doch das Papier - nicht aber die „Bussard-Brennstofftabletten". Diese verlöschen immer wieder. Und bald stinken sie nur noch infernalisch ekelhaft.

Schließlich entsinne ich mich an eine Adventskerze, die noch mit im Rucksack sein muß. Diese suche ich, zünde sie an und tropfe das Paraffin auf die Zweige. Es entsteht ein ganz brauchbares Feuer. Nach kurzer Zeit ist die Fleischsuppe warm geworden. Nachdem ich sie gegessen habe, untersuche ich die Asche. Alles ist in Rauch aufgegangen - nur die „Bussard-Brennstofftablet-ten" nicht. Diese finde ich noch ganz unverbrannt in den Resten der Glut. Dort allerdings haben sie sich jetzt ziegelrot verfärbt. Auch an der Büchse unten befindet sich ein ziegelroter Belag - ein verdächtiges Sublimat - und alles stinkt widerlichst.

So notiere ich jetzt erbost und an Ort und Stelle in mein kleines Notizheft, was ich immer dabei habe:

> „Man kann also machen, was man will, von diesem kadaverösen Ostzonenarsch wird man überall eingeholt. An diese Kretins, die im deutschen Land unter Naturschutz stehen, wird man auch im fernen Pirin noch erinnert. Und gerade hier wollte ich diesen ganzen faulen Mist aus meinem Kopf hinaus destillie-

ren. Dieser deutsche Gestank aber haftet wie Scheiße unter den Fingernägeln!"

Wie man leicht daraus ersehen kann, war mir durch dieses trübe Ereignis der Humor für ein Weilchen abhanden gekommen. Doch letztlich war es allein meine Schuld gewesen: Warum hatte ich dieses Zeug nicht schon zu Hause einmal ausprobiert? Gerade ich sollte doch wissen, wo ich lebe!

Doch gläubig oder vielmehr nachlässig, wie ich bin, dachte ich, es handle sich bei diesen Tabletten einfach um „Metaldehyd", wie man das überall bei „Hartspiritus" nachlesen kann (weil das in den guten Lehrbüchern immer einer vom anderen genau so abschreibt). Metaldehyd ist ein relativ einfach gebauter und sicher auch leicht abbrennender Stoff - auch nicht sonderlich „gesundheitsschädlich". Das war es nun aber nicht. Es war einfach nur bester deutscher Scheiß. Vielleicht wollten sich die Genossen damit untereinander eins auswischen?

Im Übrigen allerdings - und das soll hier sehr deutlich betont werden - hatte das herzlich wenig mit „Ostzone" zu tun, auch nicht unbedingt mit sozialistischer Planwirtschaft, mit Partei etc. Es war nicht einmal typisch deutsch. Es war einfach nur „die Welt", genauer: unsere schöne Menschenwelt. Und diesbezüglich ist man immer gut beraten, wenn man sich darauf nicht einfach nur blind verläßt - so man sich das irgendwie leisten kann.

Mir vorzustellen, was für Abstrusitäten diese Chemikergenossen aus Radebeul in diese Tabletten nun wirklich hinein gemischt hatten, dazu reichte auch meine Chemikerfantasie nicht aus. Nur daß die Möglichkeiten dazu riesig sind, das war mir klar, und wie sie vermutlich gewaltig geforscht haben und daß sie sicher auch ein nettes, kleines Patent darauf ihr Eigen nennen konnten.

Bei „Bussard-Chemie" handelte es sich übrigens um einen alten, ehemaligen Privatbetrieb aus Radebeul bei Dresden, Hellerstraße 19-21, ehemals: „Vereinigte Bussard Chemiewerke Heinz Demmrich" - Wachse, Öle, Skiwachs - vermutlich eine ähnliche Klitsche wie Haschkes Kuchenbude in Leipzig.

Wie ich sehr viel später dem Internet entnehmen konnte, hatte man dort auch den „Enthaarungshandschuh" (regard Haarentferner) erfunden und hergestellt:

Und wie funktionieren Enthaarungshandschuhe?
Die Oberfläche der ‚Handschuhe' besteht aus kleinen scharfkantigen Kristallen. Die Anwendung geschieht in leichten, kreisenden Bewegungen. Dadurch richten sich die Körperhärchen auf und können tief am Haaransatz entfernt werden. Anschließend nur noch mit einem feuchten Tuch abwischen, und das Ergebnis ist perfekt. Zusätzlich wirken die Kristalle wie bei einem Peeling und machen die Haut seidig weich und glatt. Angenehmer Nebeneffekt: Eingewachsene Haare gehören der Vergangenheit an.

In diesem Staat „DDR" lebte und webte tatsächlich so einiges an verblüffend grotesken und einigermaßen schwer vorstellbaren Kuriosa, die man sogar zu sehen bekam - wenn man nur mal etwas genauer hinzuschauen Gelegenheit hatte.

Indem ich mich also im fernen Pirin solch ärgerlichen Gedanken hingebe, die auf einmal ungerufen wieder um mich und in mir waren wie ein Schwarm lästiger Schmeißfliegen, stehe ich bereits oben auf dem Paß Mosgowitschka Porta. Doch offenbar bin ich immer noch nicht „angekommen", werde vielleicht nie „ankommen"? Und ich werde trotz „manchen Trunkes aus dem Brünnlein kalt" auch alt werden. „Alt" immerhin sehe ich ja jetzt schon wieder aus. Derweil pfeift mir der Wind in den Rücken wie aus einem Windkanal.

Im Norden sind die Berge des Rila zu erkennen als ein Ausschnitt über dem Tal der Demjanitza. Mittags hatte noch die Sonne geschienen. Jetzt zieht es sich wieder zu. Ein langes steiles Schneefeld war bis hier herauf zu überwinden. Beim Aufstieg kam ich mir ein wenig vor wie Hilary am Mount Everest - mit dem steten Tapsen des großen Yeti im Rücken.

Wenn ich hier so allein wandere, dann ist mir tatsächlich immer wieder mal zumute, als würde unmittelbar hinter mir noch jemand dahinschreiten - ein unsichtbarer Kamerad. Zuweilen drehe ich mich dann um. Doch er bleibt unsichtbar. Der Rucksack auf dem Rücken knarrt im Takt meiner Schritte, sonst nur die Geräusche der einsamen Natur - hauptsächlich Stille.

Es ist 16 Uhr, 16:30 Uhr bin ich bereits an der Hütte. Die Wolkenuntergrenze liegt jetzt bei etwa 2700 Meter. Die Hütte Tewno Esero selbst befindet sich auf 2512 Meter Höhe.

Anwesend in der Hütte sind drei bulgarische Hüttenleute sowie ein Schäferhund. Dieser ist aber sehr zahm und lieb. Außerdem treffe ich noch zwei Bulgaren und zwei Deutsche (wahrscheinlich aus Halle). Die Übernachtung kostet zwei Lewa. Und nur eine Nacht sei möglich, so erfahre ich. Urlaub machen kann man hier also nicht. Als ich den Hüttenwirt nach der Toilette frage, macht er nur eine ausladende Bewegung „rund um die Hütte". Das Trinkwasser kommt direkt aus dem See daneben. Der ist fast ganz zugefroren. Und rings um die Hütte liegt überall Schnee. ,

In der Hütte, unten in einer Ecke hinter dem Eingang, brennt in einem Küchenherd ein Holzfeuer. Große Stapel Rundholz liegen neben der Hütte. Sie sind mit dem Hubschrauber hier heraufgebracht worden, so erfahre ich. Ich kann Schuhe und Strümpfe am Feuer trocknen. Auf diesem Ofen steht warmer Tee. Mit den beiden Deutschen bin ich bald wieder beim deutschen Thema Nummer eins: die ostdeutsche Misere. Die Deutschen sind eben doch die Weltmeister im Jammern. Von ihnen bekomme ich einen Rest von Vitamintabletten. Sie sind am Ende ihrer Wanderung angekommen und wollen nur noch nach Melnik hinunter. Vor dem Pirin waren sie schon eine Woche im Rila unterwegs gewesen. Das Wetter war dort so heiß, daß sie gleich draußen auf den Bergen geschlafen haben, so erzählen sie mir. Einer von ihnen hat einen Tragegestellrucksack, wie ich ihn zu Hause in Leipzig gelassen habe. Er ist zufrieden damit. Die westdeutsche Kraxe vom Roy trägt sich ausgezeichnet. Sie ist einfach und gut konstruiert. Und das Material, aus dem sie besteht, hält auch etwas aus. Auf knapp zwanzig Kilo bin ich gekommen, als ich damit loswanderte. Langsam wird es weniger. Aber vierzehn, fünfzehn Kilo werden es immer bleiben.

Unter dem Dach oben in der Hütte befindet sich ein sehr schöner Schlafraum. Die Liegen breiten sich dort einfach auf dem Boden aus - links und rechts von einem Mittelgang. Dreißig Leute sollen in diesem Raum Platz finden. Es hätten aber auch schon neunzig Besucher hier übernachtet, so erfahre ich. In einem solchen Fall wird dann alles, was beweglich ist, hinaus vor die Hütte getragen.

Am Abend mache ich noch eine kleine Wanderung und schaue über den Kamm neben dem Dshengal in das Tal der Demjanitza mit dem Baljawisiski Zirkus. Es gibt so viele Möglichkeiten, wo man hier überall noch wandern könnte - vielleicht auch einmal über nicht so ausgetretene Pfade?

Jane Sandanski - im Wald ein Bär   22.06.87 Mo.

6:30 Uhr Abmarsch vom Tewnoto Esero. Im Westen zeigt sich blauer Himmel über den Gipfeln der nahen Berge. Ihre Spitzen schwimmen in grauer Nebelwatte. Unten in den Tälern wabern wüste Wolkengebilde.

Heute muß ich tief absteigen, dann habe ich den Pirin das erste Mal überquert. Ich muß hinunter, weil ich Brot brauche. So beschließe ich, auf dem markierten Pfad direkt bis zur Hütte „Jane

Sandanski" zu laufen. Dazu sind am Hang bis zur „Mosgowischka Porta" erst mal wieder zwei Schneefelder zu queren, von wo ich gestern herübergekommen war. Danach geht es dann dort auf der Südseite des steilen Hanges im Schnee abwärts. Tief unten sehe ich im Talkessel eine große, braune Moorwiese - von Bächen durchzogen.

8 Uhr bin ich im Talkessel angelangt. Jetzt mache ich erst mal Rast und Frühstück. Das Wasser überall ringsum ist klar, schmeckt aber etwas „herb" nach Sumpf. Auf dem Grunde des Baches klebt auch ein alter Kuhfladen.

Ab hier beginnt nun wieder das Knieholz. Aber ich kann einem alten Hirtenpfad folgen, der offenbar weiter hinab ins nächste Tal führt. Unter einem kleinen Schneefeld, umgeben von Felsen und diesen kieferigen Gebüschen, verschwindet der Pfad. Damit sieht es jetzt ganz so aus, als fände ich aus diesem Talkessel den Ausgang nicht. Ich muß mich umschauen und mir einen Überblick verschaffen. Dazu stelle ich die Kraxe gut von allen Seiten sichtbar auf einen exponierten Felsen und steige dann über Gestein und durch Kieferngestrüpp zu einem höheren Punkt, von wo ich mit dem Fernrohr gut die Umgebung durchmustern kann.

Es muß ja einen Weg geben. Denn schließlich ist vor einem Jahr eine ganze Rinderherde hier irgendwo entlanggetrottet. Meine Kraxe erkenne ich als winziges, blaues Pünktchen auf dem großen Stein liegend. Einen „Ausweg", heraus aus der Wildnis, die mich hier einschließen will, kann ich jedoch nirgendwo erkennen. Aber etwas genauer die Richtung, in der ich weiter suchen muß, kann ich schon ausmachen.

Ich klettere zurück bis zur Kraxe und beschließe, weiter über die Felsen abzusteigen. Das geht ganz gut. Nach kurzer Zeit habe ich sogar den Weg wieder gefunden. Hier und da ist er mit Steinmännlein markiert.

So immer weiter wandernd gelange ich bald bis an den Hochwald. Es ist kühl und feucht unter seinen Bäumen. Auf dem Pfad begegne ich immer wieder schwarz-gelben Salamandern, die sich nur träge bewegen. An einer Stelle zweigt ein Weg ab. Bis jetzt bin ich meist am Hang entlang gelaufen. Dieser Abzweig aber führt hier direkt nach unten. Er ist durch ein paar dicke Äste versperrt. Ich vermute, daß dies wegen der Kühe geschehen ist, die hier oben vielleicht noch irgendwo lagern oder auch erst hinter dieser Absperrung kommen könnten. Ich wähle diesen Weg hinab und höre auch bald leise das melodische Bimmeln von Kuhglocken. Und nur ein Stück weiter befinde ich mich dann auch schon mitten in der Herde, die verteilt im Wald weidet. Es sind eigenartige Tiere - grau oder braun und ganz sauber und sanft. Sie sehen allesamt aus wie Plüschtiere. Der Hütehund mußte wohl tief geschlafen haben. Er kam erst laut kläffend hervorgeschossen, als ich die Herde längst passiert hatte. Ein Stück weiter bergab treffe ich dann auch auf den Hirten, den ich kurz nach dem Weg frage. Er gibt mir eine freundliche Antwort.

Jetzt bin ich auch schon ziemlich weit unten und wieder im richtigen Bergwald angelangt. Hier und da murmelt - meist unsichtbar unter Kraut und Stein - ein Bächlein zu Tal. An einer Stelle entdecke ich eine Pflanze, die ich für Brunnenkresse halte. Sie ist kräftig und wasserdurchtränkt, hat kleine, weiße Blüten, schmeckt tatsächlich kresseartig, ist aber sehr scharf. Weiter unten kommt ein größeres, künstliches Wasserbecken. Daneben befindet sich eine Straße. Dort treffe ich wieder auf Leute - zwei Bulgaren mit Pferden, die mich fragen, ob ich der Kuhherde mit dem Hirten begegnet bin. Einer zeigt mir eine Pflanze, aus der man Tee kochen kann. Der andere will meine Uhr kaufen, was ich ablehne, da ich sie vielleicht noch brauche. Unterdessen ist sie allerdings stehen geblieben. Ich hatte vergessen, sie aufzuziehen.

Gegen 12:30 Uhr mache ich Rast bei der Hütte „Jane Sandanski". Die Gaststätte allerdings hat geschlossen. Der nächste Bus bis ganz hinunter nach Sandanski fährt erst 17 Uhr. Ich schaue mir die Strecke auf der Karte an und beschließe zu laufen, wenigstens bis zum Dorf Liljanowo - falls ich dort Brot bekomme. Bei der Hütte „Jane Sandanski" stehen viele Bungalows oder Datschen. Es ist ein richtiger kleiner Ort.

Ich wandere die Teerstraße hinab, und es wird immer wärmer. Die Sonne brennt. Hier unten ist nun wieder richtiger Sommer. Am Bach Bistriza wasche ich Wäsche und mich selber und esse dann noch mal. Am Ufer des Baches stehen Nußbäume. Die Nüsse aber sind noch unreif. Ab und zu huscht eine schön grün schillernde Smaragdeidechse durch das Gras. Der Ort hier ist aber nicht besonders idyllisch. Man erkennt sofort, daß an dieser Stelle immer viele Leute rasten - Ausflugsgebiet. Hier und da erinnert diese Gegend etwas an das Bodetal in Thale im Harz.

Die Bergbäche werden hier ziemlich angezapft. Ich glaube, auf meiner Wanderung talabwärts bis in die Stadt Sandanski habe ich allein drei Wasserkraftwerke passiert. An einer Stelle konnte ich auch hoch oben auf den Bergzinnen so etwas wie eine Staumauer erkennen und eine dicke Druckleitung, die von dort oben herunter führte. Das Flüßchen unten neben dem Weg scheint auch immer trockener und dürftiger zu werden, je weiter ich nach unten komme. Vielleicht wird auch noch Trink- und Brauchwasser abgezapft? Die Wasserkraftwerke sind helle, lichte Gebäude mit verglaster Straßenfront. Man kann von draußen hineinschauen und die mächtigen Peltonturbinen sehen. Diese imposanten und beeindruckenden Energiegewinnungsmaschinen arbeiten hoch effektiv und sind von der Physik her leicht zu verstehen. In einem dieser Wasserkraftwerke lasse ich mir die genaue Zeit geben.

Hinter mir kommt ein Auto gefahren - ein Wartburg-Kombi mit deutschem Kennzeichen. Der Fahrer hält, steigt aus und begrüßt mich. Es sind die beiden Deutschen, denen ich am Anfang meiner Bergwanderung in der Hütte Demjanitza begegnet war. Platz im Auto hätten sie keinen mehr, um mich mit hinunter in die Stadt zu nehmen. Vielleicht wäre es noch gegangen. Das Auto lag zwar voller Gepäck, doch ich hätte für die paar Kilometer bergab schon noch mit hinein gepaßt. Sie wollten aber nicht. Doch es war ja schon nett, daß sie gehalten hatten. Das war also wieder so ein Problemfall: Zivilisation ja oder nein? Dazwischen wird so manches illusorisch bis ungemütlich, wo es sonst gar keine Frage gibt.

Der Weg streckt sich. Es dauert lange, ehe ich das Dorf Liljanowo erreiche. Dort vermag ich keine ordentliche Auskunft zu bekommen. Dazu ist mir auch noch nicht richtig klar, daß die Bulgaren den Kopf schütteln, wenn sie „ja" meinen und bei „nein" nicken. Der

Bus käme 16 Uhr. Doch heute kommt er gar nicht, erfahre ich. Brot könne man erst ab 17 Uhr bekommen. Die Leute, die das Brot verkaufen, wären zur Zeit noch auf Arbeit. Läden sehe ich gar keine. Der Ort ist auch einigermaßen auseinandergezogen und verstreut. Und es ist sehr heiß geworden.

16 Uhr, ich habe eine Gaststätte am Wegesrand erreicht. Sie liegt auf halbem Wege zwischen Liljanowo und Sandanski. Erst auf dem Rückweg erfahre ich, daß sich hier auch der Campingplatz von Sandanski befindet. Er liegt etwas versteckt hinter den Bäumen gleich bei der Straße. Ich trinke eine Flasche Bier (75 Stotinki). Es erscheint mir gut. Dann wandere ich weiter. Ein Stück hin ragt ein dickes Eisenrohr aus dem Berghang und sieht aus wie der Wasserkran für eine Dampflokomotive. Es plätschert Wasser heraus. Daneben steht ein Mann in Badehose. Ich gehe auch hin und wasche mir Hände und Gesicht. Der Mann ist Tscheche und spricht gut Deutsch. Auf meine Frage, wo er so gut Deutsch gelernt habe, antwortet er, das habe ihn Hitler gelehrt: „Im Konzentrationslager mußten wir gut Deutsch sprechen, sonst gab es was …"

Von ihm erfahre ich, daß Sandanski einen Markt habe, aber Obst gäbe es dort nicht, und noch drei Kilometer hätte ich zu laufen. Der Weg herab vom Tewnoto Esero bis Sandanski bildete die längste Strecke, die ich an einem Tag in Bulgarien gelaufen bin - knapp dreißig Kilometer bei 2300 Meter Höhenunterschied bergab. Am Ende hatte ich dann auch Blasen auf den Fußsohlen.

18 Uhr, ich bin in Sandanski angekommen. Die Touristenunterkunft am Stadtparkeingang habe ich nicht gefunden. Vielleicht gibt es sie nicht mehr? Aber ein großes, neues Hotel steht dort. Unterdessen habe ich den Verdacht, der wirkliche Tourist stellt in Bulgarien etwa so viel dar wie ein Bettler oder Landstreicher. Er ist ein dürftiger, armseliger Typ, der nicht genug Geld für ein eigenes Auto und einen vornehmen Hotelplatz hat, der zu Fuß laufen muß und womöglich überall umsonst übernachten will.

Sandanski scheint eine reine Urlauberstadt zu sein. Der Park ist sauber. Ein sehr schönes Schwimmbad konnte ich betrachten. Viele gut gekleidete Leute flanierten durch die Straßen, viele Geschäfte gab es dort. Ich hatte das Gefühl, daß ich mit meiner Kraxe auf dem Rücken einigermaßen auffiel.

Zwei Brote kaufte ich ein, dazu schwarze Schuhcreme, Streichhölzer, Paraffinkerzen, Mohrrüben, Tomaten. Doch ich konnte weder Zwiebeln noch Knoblauch bekommen - und das in Bulgarien! Kirschen oder Erdbeeren waren ebenfalls nirgendwo zu sehen. Zweimal traf ich auf Deutsche in der Stadt. Aber es laufen noch mehr hier herum. Als ich an einem Taxistand vorbeikomme, beschließe ich, gleich wieder abzufahren und so hoch hinauf in die Berge wie möglich. Nur weg aus dieser Zivilisationstristesse!

20 Uhr befinde ich mich tatsächlich wieder in den Bergen und wandere durch den Wald hinauf zur Hütte Begowitza. Dabei komme ich mir jetzt vor wie Rotkäppchen, denn vor einigen Minuten bin ich einem Bären begegnet. Er muß noch ganz in der Nähe sein. Der Pfad ist steinig und schmal und führt in leichten Windungen durch dichtes Waldesdickicht stetig bergauf. Der Taxifahrer hatte bereits ziemlich erstaunt geguckt, daß ich so spät noch zur Begowitza hinauf will. Es wird bald dunkel werden.

Etwa hundert oder zweihundert Meter hinter der letzten Datsche von Jane Sandanski hörte ich es vor mir auf dem Weg husten - so etwa, wie bei uns in Wäldern manchmal die Rehböcke bellen, wenn sie sich gestört fühlen.

„Aha, hier gibt es also Rehe", so dachte ich mir und machte schnell ein paar Schritte in Richtung auf das Geräusch zu, um noch etwas zu sehen von dem Reh. Am Berghang links raschelte es. Dort bewegte sich zwischen den Baumstämmen flink etwas nach oben. Doch das war kein Rehbock.

„Aha", dachte ich wieder, „da haben sie hier also auch Wildschweine - wie schnell das aber den Hang hinauf prescht?"

Schließlich blieb das vermeintliche Wildschwein sitzen - ca. zwanzig Meter schräg über mir, drehte sich um und wackelte mit dem Kopf hin und her. Da erst begriff ich, daß ich einem richtigen Bären gegenüber stand. Er blickte zu mir hinunter und schwenkte weiter seinen Kopf hin und her. Ich stand und schaute hinauf und staunte, war in keiner Weise erschreckt, nur verblüfft. Mit einem Bären hatte ich hier überhaupt nicht gerechnet.

So beschloß ich auch gleich weiter zu wandern, bevor es sich dieses Tier vielleicht anders überlegt und zu mir wieder herab gestiegen kommt, um den einsamen Wanderer zu beschnüffeln. Also laufe ich weiter. Aber es ist tatsächlich schon etwas sehr spät. Bis zur Begowitza waren unten zwei Stunden Weg angegeben. Aber da ist es dann auch finster. Noch in Sandanski hatte ich nämlich mit dem Gedanken gespielt, zur Not einfach im Wald zu übernachten, falls ich die Hütte an diesem Abend nicht mehr finden sollte. Das Wetter war schön. Und hier unten unter der Waldgrenze würde es hoffentlich auch nicht zu kalt werden. Daraus wird nun aber nichts. Denn wie ich mich kenne, bekomme ich bei solcher Nachbarschaft in der Nacht kein Auge zu. Ich muß es also noch hinauf bis zur Hütte schaffen. Doch es geht immer nur bergan. Und durch die Einkäufe für die nächsten Tage ist die Kraxe auch nicht gerade leichter geworden. Und schon komme ich außer Atem, weil ich allmählich immer schneller werde. Dieser Bär will mir nicht aus dem Kopf.

20:10 Uhr und direkt vor mir aus dem Wald höre ich wieder einen Bären. Diesmal ist es kein bloßes Bellen, sondern ein lautes, böses Brüllen - vielleicht fünfzig Meter entfernt. Zu erkennen ist nichts - alles Gestrüpp, alles Wald. Zuerst glaube ich, daß es ein zweiter Bär ist, der von oben herunter kommt, so daß ich jetzt umstellt bin, eingekreist, ausgeliefert?

Ich kehre um und marschiere unter Absingen sämtlicher mir geläufigen Lieder wieder abwärts. Damit möchte ich erreichen, daß der Bär beizeiten den Weg räumt, wenn ich an der Stelle von vorhin wieder vorbeikomme. Ich hoffe, er liebt die Musik nicht sonderlich, die ich mache. Er begegnet mir auch nicht wieder.

Bei der Siedlung spreche ich eine Frau an, die dort mit Kindern spazieren geht. Sie verweist mich auf die Touristenunterkunft „Jane Sandanski". Sehr entgegenkommend scheinen die Bulgaren nicht zu sein. In dieser Hinsicht ist es kaum anders als bei uns in Deutschland. Im Übrigen bewege ich mir hier in ausgefahrenen Gleisen, zumindest für die Einheimischen. Was ich hier mache, das haben schon Tausende DDR-Bürger vor mir getan. Seit mindestens zwanzig, dreißig Jahren wird hier gewandert. Neben der Hohen Tatra sind Pirin und Rila und vielleicht noch die Südkarpaten in Rumänien die einzigen Gebirge, die an richtige Hochgebirge erinnern und die dem minderbemittelten DDR-Durchschnittsbürger unterdessen auch ohne viel Geld und großen Aufwand an Bürokratie und „Beziehungen" zugänglich geworden sind.

Bei der Hütte Jane Sandanski erzähle ich von der Begegnung mit dem Bären. Die Leute schmunzeln. Die kleinen Kinder tanzen um mich herum und zeigen mit Fingern auf mich und rufen „Metschka, Metschka", was laut bulgarischem Wörterbuch „Bär" heißen soll.

Ich bekomme ein Zweibettzimmer für mich allein, obwohl, wie ich höre, in dieser Hütte nur an Reisegruppen, nicht aber an Einzelwanderer vermietet wird. Es kostet 4 Lewa. Dann sitze ich in diesem komfortablen Zimmer und notiere:

Beginn der Dämmerung: 21:20 Uhr.
Dunkelheit im Wald (unter den Bäumen): 21:40 Uhr.
Dunkelheit überall (auf freier Fläche): 21:50 Uhr.

Das ist interessant, denn es hatte sich heute gezeigt, daß es schon recht gut ist, wenn man weiß, ab welcher Uhrzeit es wirklich dunkel ist. Im Finstern zu wandern ist nicht so ganz einfach.

23 Uhr: Großer Radau in der Hütte, laute Musik, lautes Schreien. Auf dem Hof bellen laut die Hunde. Die Nacht ist sternenklar.

Hütte Begowitza   23.06.87 Di.

Beginn der Morgendämmerung: 5 Uhr, Abmarsch von der Hütte: 8 Uhr. Vorsichtig horchend und mich immer wieder überall umschauend, steige ich den gleichen Weg von gestern Abend wieder aufwärts. Als ich an die Stelle komme, wo ich dem Bären begegnet war, überholen mich zwei junge Bulgaren, ein Pärchen. Sie sprechen gut Englisch. Was ich ihnen von dem Bären erzählte, interessierte sie jedoch nicht sonderlich. Sie haben es offenbar eilig, wollen auch zur Hütte hinauf und gehen schnell voraus. Die Gegend erscheint mir doch ziemlich belebt. Falls der Bär hier irgendwo auf mich warten sollte, hat er jetzt gleich zwei weitaus frischere Happen. Dieser Gedanke beruhigt mich enorm.

9 Uhr befinde ich mich kurz vor der Stelle, wo ich gestern Abend umgekehrt war, weil ich vor mir den zweiten Bären brüllen hörte. Wie ich weiter wandere, erkenne ich zu meinem Erstaunen, daß unmittelbar danach der Pfad einen scharfen Schwenk nach rechts macht und auf einer Brücke über den Bach führt, der von oben herunterrauscht. Da erst vermute ich, daß es vielleicht derselbe Bär war, der mich links oben am Hang überholt hatte, gewissermaßen vor mir ausriß, dann aber genau an dieser Stelle innehielt, um dort, wo der Touristenpfad abzweigte, sein eigenes, wildes Revier - erst mal - zu verteidigen. Bären sind schließlich auch gewitzt. Ich hätte ja einen „Schießprügel" bei mir haben können. Es ist schönes Wetter. Am blauen Himmel zwischen den Wipfeln der Bäume ist eine leichte Wolkenbildung zu beobachten.

9:30 Uhr, zweite Rast unter einer Elektrizitätsleitung, die zur Hütte hinaufführt. Der Name der Hütte „Begowitza" ist jetzt in „Kamenitza" umbenannt worden, was irgendetwas mit der „Enttürkung" zu tun haben soll. Zur rechten Seite kann ich das Rauschen eines Bergbaches vernehmen. Ansonsten herrscht tiefe Stille. Es ist die Ruhe in der Natur - das Eigene, das Eigentliche. Hier kann man es hören.

10:30 Uhr und noch unter der Baumgrenze Ankunft bei der „Hütte", die tatsächlich ein großes, mehrstöckiges Gebäude darstellt - eher ein Hotel für eilige Touristen. Hier bin ich nun aber auch verfrüht angekommen. Die Saison beginne erst am ersten Juli, so wird mir gesagt. Doch übernachten könne ich bei ihnen. Das will ich auch tun, mein Zeitplan läßt es zu. Zunächst aber werde ich nicht eingelassen. 17 Uhr kann ich wiederkommen, so erfahre ich.

In und an der Hütte sind überall Handwerker bei der Arbeit. Hinter dem Haus wird eine Wasserleitung ausgegraben. Das alte Rohr hatte der Frost zersprengt. Ich kann mir dieses defekte Teil betrachten - höchst interessant! Bevor das eiserne Rohr riß, war es nämlich vom Eis aufgebläht worden - als bestände es aus weichem Gummi. Natürlich frage ich mich auch, warum die erfahrenen Gebirgsmenschen hier oben das Wasser zuvor nicht abgelassen hatten. Nun ja, es wird auch manchen Experten hier hinauf verschlagen, der eher andere Qualifikationen hat, als sich mit popligen Wasserleitungen auszukennen. Und dann kostet es eben.

Das Wetter scheint schlechter zu werden. Der Himmel zieht sich zu. Die Gipfel verschwinden in den Wolken. Ich wandere in der Gegend herum und treffe bei der Rohrleitung einen Bulgaren, der gut Deutsch spricht. Diesem berichte ich von meiner Bärenbegegnung. Die Arbeiter ringsum schmunzeln. Er klärt mich auf: Der Bär sei für den Menschen ungefährlich. Hier bei ihnen warte er nur auf die Schafe, die am Hang gegenüber ihrer Pferche haben. Die aber sind noch nicht eingetroffen, weil in diesem Jahr die Vegetation einen ganzen Monat zurückliege. Da sei der Bär ungeduldig geworden und wollte vermutlich nur mal unten nachschauen. Sie haben den Bären auch schon „rufen" gehört und fragen mich, ob es in Deutschland denn keine Bären gäbe?

Vielleicht hatte der Bär gestern tatsächlich auf die Schafe gewartet. Vielleicht wollte er auch nur die Abfallplätze dieser Bungalowsiedlung inspizieren? Als ich ihm entgegen kam, ist er jedenfalls erst einmal geflüchtet - blieb dann allerdings auch gleich wieder sitzen - so als überlegte er sich etwas. So recht ernst genommen hatte er mich wohl doch nicht.

Bei meinen weiteren Streifzügen um die Hütte auf die andere Seite des Taleinschnitts fand ich dann Spuren von Bärentatzen im weichen Lehm des Weges und frische Losung - grün wie Spinat von den vielen, gesunden Waldkräutern mit noch reichlich unzerkauten Stengeln und Fasern darin. Es mag ja sein, daß der Bär keine Jagd auf Menschen macht. Ein Wanderer, mit dem ich mich später über diese Episode unterhielt, erzählte mir, der rumänische Bergrettungsdienst hätte ihm einmal berichtet, daß sie schon alle möglichen Notfälle gehabt hätten, noch nie jedoch einen Zwischenfall mit einem Bären. Ein anderer sagte, in der Westtatra kämen die Bären auf die

Campingplätze. Und ein Bär hätte einmal durch die Zeltleinwand hindurch einen Fleischbrocken gewittert und sich herausgebissen, während die Leute im selben Zelt tief schliefen.

Wehrhaft sind diese Tiere immerhin. Und wenn sie aus welchen Gründen auch immer zum Angriff übergehen, dürfte es schwer fallen, sich dem zu entziehen oder sich erfolgreich zur Wehr zu setzen mit dem kleinen Fahrtenmesserchen aus dem Rucksack. Vielleicht sollte man für diesen seltenen Fall einer Konfrontation besser eine Spritze mit beißender Seifenlauge oder eine Tüte mit scharfem Paprika oder Pfeffer bei sich führen und dies dem Bären in die Augen streuen? Man muß aber gut treffen, damit er nicht nur wütend wird, sondern danach tatsächlich nichts mehr sehen kann. Ein weiterer Wanderer meinte, gut für solche Fälle wären es auch, Blitzknaller und andere Feuerwerkskörper von Silvester bei sich zu haben.

Nun ja, das alles ist und bleibt müßiges Gerede mit viel „wenn" und „falls". Verärgert jedoch war ich nun aber doch über die unprofessionelle Auskunft bezüglich „Bären und Wölfe", die mir die erfahrene Bergwanderin und Pirin-Kennerin Sabine in Leipzig gegeben hatte.

15 Uhr, ich gammle etwas unschlüssig herum. Schließlich muß ich überall die schwere Kraxe mitschleppen. Am Wasserlauf, der im Tal von den Matten weiter oben herunter kommt, befindet sich eine Art Almwirtschaft. Ein Forellenangler versucht sich im Bächlein. Die Landschaft ist malerisch. Doch zum Skizzieren fehlt mir die innere Ruhe. Erstaunt bin ich über die vielen großen, roten Blumen, die hier überall wachsen. Solche habe ich noch nirgendwo gesehen. Auch gelbe Margeriten gibt es - oder ist das die berühmte Arnika? Am Himmel mulmen träge die Wolken herum, ziehen hoch, senken sich herab. Ab und an Regenschauer, für Momente heiß strahlende Sonne, dann wieder große Tropfen. Es ist ungemütlich, doch die Berge haben ihr eigenes Wetter.

Am liebsten wäre ich auch gleich wieder weiter gewandert bis zur Hütte „Pirin". Aber ich will mich ausruhen. Bis zur Hütte „Pirin" ist es weit - erst hoch hinauf, dann wieder tief hinab ins Tal. Die Fußsohlen brennen mir noch von gestern. Die Waden und die Hüftgelenke schmerzen. In der Hütte ist auch überall Radau - viel lärmende Kinder, Gequengel und Geschrei.

16 Uhr, soeben kam die Sonne aus den Wolken hervor. Das gab gleich wieder eine Hitze! Wenn mittags hier die Sonne scheint, ist es wie im Backofen - und ein Licht, daß man die Augen zukneifen muß. Aber heute scheint die Sonne nur selten. Und auch diesmal währte es nur zehn Minuten. Dann folgte gleich wieder ein satter Gewitterguß - und alles ist wieder grau. Ich bin in die Hütte geflüchtet. Diese Bergstation ist auch mehr eine Anlage für den Wintersport mit Skilifts usw.

Ich habe ein Zimmer zugewiesen bekommen mit vielleicht acht oder zehn Betten. An der Wand draußen kratzten noch die Maurer herum. Dann kommen sie herein ins Zimmer und vergipsen Löcher in der Wand. Meine Klamotten sind naß geworden. Ich frage mich, ob die Schuhe in den Bergen hier oben jemals wieder trocken werden. Drei Stunden Sonne würden dafür schon ausreichen. Leder ist eben kein Gummi. Es nimmt die Nässe auf, selbst wenn es noch so gut eingefettet ist.

Das Gestein in der Umgebung enthält zentimetergroße Einschlüsse aus Feldspatkristallen, auch noch größere, die zum Teil plastisch heraus gewittert sind und ein gutes Relief für den haltsuchenden Bergschuh liefern.

Dann wird es langsam Abend. Ich wickle mich in den Schlafsack und fange an einzuschlafen, stehe dann aber wieder auf.

23 Uhr, sternklarer Himmel. Ich hoffe auf morgen und will nicht mehr hinab zur Hütte „Pirin". Lieber oben bleiben, lieber gleich wieder zur Hütte Tewnoto Esero - aber auf einem anderen Weg. Jetzt möchte ich erst einmal Zähne putzen gehen. Unterdessen wurde jedoch das Wasser abgestellt. Es gurgelt nur noch aus der Toilettenspülung. Das ist dieser fragwürdige Komfort der Zivilisation - unzuverlässig. Jeder Bergbach liefert mir diesbezüglich mehr Sicherheit. Hat man noch ein kleines Zelt dazu, braucht es anderes nicht mehr.

Nach mir muß noch ein Trupp Deutscher in der Hütte erschienen sein. Ich hörte es im Halbschlaf, konnte sie aber nicht mehr antreffen und fühlte auch kein Bedürfnis danach.

Wieder Hütte Tewno Esero   **24.06.87 Mi.**

4:50 Uhr, Beginn der Morgendämmerung. Ich mache mich auf den Weg. Hier in den Bergen werde ich unversehens zum Frühaufsteher - und es ist keinerlei Zwang dabei. Ich empfinde es als die natürlichste Sache der Welt, „mit der Sonne" aufzustehen. Es ist angenehm, so in den beginnenden Tag hinaus zu wandern - fort und weg von all dieser Zivilisation mit ihren doch nur recht fragwürdigen Errungenschaften - künstliches Leben, immer wieder neu „erfunden" und wieder anders zusammen gebastelt und immer wieder voller Überraschungen - keineswegs stets angenehme.

5:25 Uhr, Frühstück an der Quelle und in Betrachtung des Jupiters versunken - vollkommen klarer Himmel - Morgenkonzert aller Waldvögel, die gleich mir den frühen Tag begrüßen.

5:45 Uhr, es ist Tag geworden. Ich steige weiter auf im Tal der Begowitza.

6:15 Uhr, erste Pause. Die Morgensonne strahlt auf die obersten Berggipfel. Die Schneefelder leuchten weiß auf. Im Tal unten wird auch die Wolkendecke von der Sonne beschienen. Ich befinde mich über den Wolken. Kleine Nebelfetzen lösen sich von diesen wabernden, grauen Massen, steigen wie weiße Geister in den Himmel hinauf und lösen sich auf in der klaren Luft.

Über die Kunst, in den hohen Bergen bulgarisches Weißbrot zu essen:

1. Große Happen abbeißen.
2. Einen winzigen Schluck Wasser aufnehmen.
3. Andächtig in die Natur schauen.
Dabei Zunge und Kiefer nur langsam bewegen.
Das Brot löst sich auf.
4. Abschlucken.
5. Weiter wie 1. 2. 3. 4. …

Der Berg Kamenitza

Unterdessen kommt mir in den Sinn, daß meine „Bewegungen" im Pirin möglicherweise überwacht werden. Die Hütten verfügen alle über Sprechfunkanlagen und Antennen. Sie brauchen ihre Gästebücher nur regelmäßig einmal pro Tag einer Zentrale vorzulesen. Die Frage nach dem „Paßport" wird immer zuerst gestellt, wenn ich irgendwo übernachten möchte. So bleibt keine Nacht unkontrolliert.

Immerhin ist es von hier aus nicht weit bis zur griechischen Grenze. Reinhold war ja vor kurzem auch hier gewesen - aber nicht wegen der schönen Berge, sondern um persönlich einen Weg in den Westen zu sondieren. Südlich vom Pirin wurde er rechtzeitig vom bulgarischen Militär aufgegriffen und mehr oder weniger bestimmt wieder auf den rechten Weg geleitet, nachdem er denen vermutlich ausführlichst erklärt hatte, daß er sich nur verlaufen habe.

7:45 Uhr, die Sonne erscheint strahlend über den Bergkämmen im Osten. Ich stelle fest, daß ich im Schatten sitze. Vom Wiesentau sind die Schuhe bereits wieder vollkommen durchnäßt. Außerdem war ich in sumpfiges Gelände geraten.

9 Uhr, von Osten ziehen Wolken über das Gebirge. Ich möchte wieder Wäsche waschen und steige dazu am Talhang nach rechts hinunter zum Bach. Dort seife ich alles ein, wasche mich dann selbst mit der seifigen Wäsche und spüle mich anschließend ab. Das Wasser ist eisig. Die Steine, auf denen ich stehe, sind kühl. Die Wäsche hänge ich zum Trocknen auf einen Zwergkiefernstrauch.

Tief unten im Tal bilden sich große Kumuluswolken. Ich befinde mich kurz unterhalb der „Begowischka Porta", die sich unmittelbar an den in meinen Augen imposantesten Berg des Pirin, die Kamenitza, anlehnt. Wäre das Wetter beständiger, würde ich diesen Gipfel gern einmal besteigen, vielleicht eine Nacht dort oben zubringen und dabei die Sterne beobachten.

Unterdessen ziehen Wolken vom Tal her hochwärts. Es wird kühl. Ich muß die Wäsche vom Strauch nehmen und naß in den grünen Faltbeutel stopfen.

10:30 Uhr, ich befinde mich wieder auf dem Wanderweg. Das Wetter „steht". Es scheint so zu werden wie gestern. Die Schuhe sind noch nicht wieder trocken geworden. Ich habe die Regensachen ausgepackt und die Hose gewechselt. Die Schuhe zeigen dicht über den Sohlen Risse im Leder. Ich habe nur dieses eine Paar mit. Es war mir prophezeit worden, daß „diese Dinger da", sich innerhalb von vierzehn Tagen komplett auflösen würden.

Auch darum reibe ich die Schuhe jetzt mit Schuhcreme ein. Doch dieses Zeug stinkt derart penetrant, daß ich die restliche Dose gleich tief in einer Felsspalte versenke, um nicht noch mal in die Versuchung zu kommen, sie zu benutzen. Zwei Tage lang begleitet mich dann ein penetranter Chemiegeruch durch die reine Bergwelt. Danach ist er zum Glück abgewetzt und verflogen.

11:30 Uhr, Nebel zieht auf. Weiter unten hat sich schon alles zugezogen. Ich steige weiter nach oben. Von meiner Wasserflasche ist der Verschluß geplatzt. Da muß ich nun aufpassen, daß diese Flasche immer aufrecht steht. Qualität war diese Flasche sowieso nicht. Die Form ist gut, aber das Material gibt Geschmacksstoffe an das Wasser ab, so daß es nach sechs Stunden nur noch eklig schmeckt. Das wäre auch eine Aufgabe für Chemiker. Doch wo gibt es heutzutage noch „Chemiker"? Mit den Schuhen, mit der Wasserflasche beginnen nun jene Probleme, auf die ich selbst immer weniger Einfluß habe. So „innovativ" unsere „modernen Zeiten" auch sein mögen, so zuverlässig wie die alten Zeiten mit ihren sicheren Erfahrungsschätzen sind sie nicht.

Das Tal wird von Nebelfetzen durchwabert. Dreißig Prozent der Hangflächen glänzen hier oben weiß vom Schnee. Ab und zu schaut aber doch noch die Sonne durch ein Wolkenloch.

13:30 Uhr. Bevor der Nebel aufzog, hatte ich nicht aufgepaßt und auch danach noch getrant. So bin ich jetzt vom rechten Wege abgekommen. Das Wandern im Hochgebirge ohne Wegemarkierung und dazu auch noch bei Nebel und Neuschnee kann für einen Ortsfremden problematisch werden. Wenn dann auch noch die Karte fehlt, sieht es ganz trübe aus, im wahrsten Sinne des Wortes.

Ich steige trotzdem weiter einen schrägen Hang nach oben - teilweise durch grobes Geröll, meist aber auf Gras. Gras wird besonders bei Feuchtigkeit ziemlich rutschig und dann unter Umständen gefährlicher als Schnee.

Oben am Grat geht es nicht weiter - einige überhängende Schneewächten und dann steil abwärts in den anderen Talkessel, wo ich vorgestern war und heute wieder hin will. Jetzt muß ich den Übergang, den Paß, mit dem Abstieg suchen: Die „Begowischka Porta". Dazu wandere ich zuerst nach links und in die falsche Richtung. Die schwere Kraxe habe ich wieder oben auf einem Stein deponiert, um erstmal nur zu schauen. Dann finde ich den Übergang auf der rechten Seite des Kammes. Auf der Nordseite, wo ich hinunter muß, ist er noch ganz verschneit. Nach unten habe ich aber gute Sicht. Und tief unten beobachte ich nun auch vier Wanderer. Die müssen offenbar auch von hier oben gekommen sein, doch bisher hatte ich noch niemanden gesehen.

Es ist warm im Nebel hier oben. Stellenweise gibt es von Zeit zu Zeit zwischen den Wolken einen großen Fernblick.

14 Uhr, ich bin auf der anderen Seite des Passes abgestiegen - aber nicht bis ganz hinunter. Vielmehr bin ich einem grünen Strich als Wegemarkierung gefolgt, der als Wanderweg auf meiner Karte allerdings nicht eingezeichnet ist. Dazu mußte ich ein steiles Schneefeld queren, welches ca. 150m weit hinabreichte. Alte Fußspuren fand ich auf diesem Schneefeld ebenfalls - nicht jedoch die Spuren der vier Wanderer vor mir. Ich hoffe nun, daß dieser Pfad zur Hütte Tewno Esero führt. Durch das riesige Tal vor mir schweben Wolkenfetzen.

An der tiefsten Stelle meines Abstieges kommen mir von links die vier Wanderer von vorhin entgegen. Es handelt sich um zwei deutsche Ehepaare, die lediglich das steile Schneefeld umgehen wollten, ansonsten aber auf dem gleichen Weg von der Hütte Begowitza kommen wie ich. Sie waren es auch, die in der Begowitza übernachtet hatten und müssen an mir vorbei gewandert sein, als ich Wäsche wusch. Wie ich nun von ihnen hörte, hatten sie mich dabei beobachtet. Wenn man im Gebirge nicht Acht gibt, übersieht man schnell einzelne Personen oder ganze Gruppen von Wanderern. Wegen der fehlenden Vegetation kann man zwar meist alles einsehen - doch die Entfernungen sind groß. Sie berichteten mir von ihren schlechten Erfahrungen mit Schneefeldern. Eine Frau von ihnen wäre abgerutscht, wäre weit geschlittert und habe sich dabei allerhand blaue Flecke zugezogen. Anderswo seien Leute tief eingebrochen und auf Nimmerwiedersehen in irgendwelchen Felsspalten oder Gießbächen verschwunden.

15 Uhr und ich habe die Hütte Tewno Esero zum zweiten Mal erreicht. Vier Tschechen waren zuvor noch auf uns gestoßen.

Vor der Hütte verläuft ein Bach, der von einer dünnen Schneedecke überspannt wird, die hier und da schon eingebrochen ist. Dahinter sägt ein Mädchen Holz. Ich spreche sie auf Bulgarisch an. Sie antwortet mir auf Deutsch: „Geh nur rein!"

In der Hütte überraschten mich sogleich „Ordnung und Sauberkeit". Vor zwei Tagen durfte man kaum wagen, die Schuhe auszuziehen, weil der Fußboden voller Unrat lag. Die Tische klebten, und der eine Deutsche jammerte arg: „Was das hier mal für ein Schmuckkästchen gewesen war und wie jetzt alles verkommen ist." Ich bin wahrhaft erstaunt.

„Der Hüttenwart schläft oben", antwortete das Mädchen auf meine Frage nach dem Personal. Er ließ sich auch erst spät blicken. Draußen vor der Hütte ist es schön warm - fast zwanzig Grad. In der Hütte bullerte ein Feuer. Und zum Trinken stand warmer Tee bereit.

Es stellt sich dann heraus, daß dieses Mädchen, das irgendwo bei Saalfeld zu Hause ist, ganz allein und nur mit Turnschuhen an den Füßen durch das Pirin-Gebirge wandern wollte - ohne jede Hochgebirgserfahrung. Bis zur Demjanitza war sie gekommen. Einer der bulgarischen Hüttenleute hätte sie dann von der Demjanitza zur Hütte Tewno Esero mitgenommen. Ihre Mutter befand sich ebenfalls in Bulgarien, war aber woanders hingereist. In Melnik wollten sie sich wieder treffen.

Jetzt, so erzählte sie uns, warte sie auf jemanden, der mit ihr in Richtung Begowitza geht, von wo wir soeben gekommen waren. Sie schien mir im Übrigen von einer wie krankhaften Arbeitswut besessen, fand keine Ruhe, sägte Holz, wusch ab, zog Wäscheleinen, kochte Tee - eine richtige Goldmarie bei der Frau Holle. Schließlich hatte sie sogar meinen Becher, wo ich mir mit heißem Wasser vom Küchenofen Kräutertee angesetzt hatte, auch ausgegossen und abgewaschen - bevor ich daraus getrunken hatte. Da mußte ich sie dann leider doch ausschimpfen, was sie aber partout nicht verstehen wollte.

An der Berghütte Tewno Esero

Ab und zu gab sie sich mit dem Hüttenbulgaren ab. Dieser wolle Deutsch lernen, erklärte sie uns. Und sie selber hatte sich schon ein eigenes Wörterbüchlein Deutsch-Bulgarisch geschrieben. Nachts schlief sie im Büro des Hüttenwartes. Sie muß noch etliche Tage in dieser Hütte zugebracht haben. Von verschiedenen Leuten erfuhr ich später, daß sie zuletzt auch noch die Kassierung übernommen hatte, und zwar mit Aufpreis, 3,50 statt 2 Lewa. Ihre Mutter mit Freund sei eines Tages ebenfalls in dieser Hütte aufgetaucht. Das war dann der erste richtige Klatsch und Tratsch in diesem kleinen, balkanischen Hochgebirglein.

Jetzt aber sitze ich erst mal am gemeinsamen Tisch in der heimeligen Berghütte. Die vier Deutschen halten ernste „Fachgespräche". Es sind so richtige Superwanderer. Ich höre, daß sie mit Autos unterwegs sind. Ihre Wagen stehen unten bei Jane Sandanski. Sie fahren von Landschaft zu Landschaft - erst eine Woche Ungarn, dann eine Woche Fagarasch in Rumänien, dann acht Tage Rilagebirge, jetzt den Rest des Urlaubs im Pirin. Sie erwägen, welche der Gebirge kälter, steiler, alpiner, höher sind und wo überall man noch mal schnell wandern könnte - richtige Leistungsmenschen, wie mir scheint.

Die Deutschen nämlich tragen ihre alltägliche Angst und Minderseligkeit sogar mit hinauf in die Berge. Sie besitzen die ausgezeichnete Fähigkeit, dieses tüchtige Deutschtum überall auszustrahlen. Sie wollen belehren. Dazu berichten sie von den vielen Gefahren und müssen Ratschläge geben. Sie müssen die Besseren sein, eben „die Deutschen". Sie müssen mich daran erinnern, daß auch ich diesem feinen Volk angehöre. Sie freuen sich nicht über die Natur, vielmehr schmieden sie Pläne, was weiter, was dann, was sonst, was noch zu unternehmen wäre. Oder sie diskutieren, was sie schon unternommen haben. Sie reden und reden. Durch dieses Gerede werden die Berge klein und häßlich, schrumpfen zu Gnomen und Greisen, werden mikrig und piefig - wie ihre Gartenzwerge daheim hinterm Haus. Sie können nicht frei sein, sie können sich nicht verlieren. Sie bleiben immer diese Deutschen.

Ein Großteil des (ost)deutschen Gebirgstourismus wird offenbar mit dem Auto erledigt - so hoch in die Täler fahren, wie nur irgend möglich, dann zwei, drei Tage über die Hütten wandern. So schlecht ist das nicht. Im Auto lassen sich etliche Vorräte mitnehmen. Notfalls kann man schnell dahin zurückkehren. Nur funktionieren muß das Auto. Und gestohlen werden sollte es auch nicht.

Und heute, da nun diese Reiseschilderung von einst öffentlich erscheint, wirkt das alles womöglich ohnehin „antiquiert" (oder: „Wie denn überhaupt"?) Heute ist alles pauschal und Reisebüro und „Werbung" und Internet und Genuß ohne Ende - aber vielleicht ja auch voller: „Auf und davon!" (- aber wohin?)

Wichren-Hütte (über Goljam Tipiz) 25.06.87 Do.

Schon am Vorabend hatte ich bezahlt und bin der erste, der früh sechs Uhr die Hütte verläßt - gleich so ohne alles Weitere, nur aufstehen, anziehen, Gepäck leise vor die Hütte tragen und draußen alles aufpacken - und fort.

Es ist klarer Himmel - aber keine Fernsicht, statt dessen Frost. Ich muß wieder die zwei Schneefelder passieren, über die ich kam, als ich vor Tagen diese Hütte erreichte. Sie deuchten mir ganz unproblematisch. Beim ersten Schneefeld verhalte ich mich also sehr leichtsinnig. Ich laufe einfach hinein auf der alten Spur. Fast schon in der Mitte wird mir jedoch bewußt, daß ich auf spiegelglattem Eis laufe. Doch zum Umkehren ist es jetzt zu spät. Die Verhältnisse haben sich über Nacht vollkommen verändert. Diesmal kann ich die Bergschuhe nicht fest in den nassen Schnee drücken. Vielmehr balanciere ich auf alten, gerundeten, hart gefrorenen Tritten dahin, die obendrein auch nicht sehr ausgetreten sind. Die Fläche darunter ist sehr abschüssig und glatt wie eine Rodelbahn. Es geht weit hinunter, vielleicht hundert Meter. Das aber ist noch nicht das Problem. Die große Gefahr liegt darin, daß diese „Rodelbahn" unten keinen Auslauf hat, sondern hart in massigen Felsbrocken endet. Hier oben nun gibt es kein Geländer zum Festhalten. Die einzige Sicherheit sind fingerdicke Löcher, die am Vortag zufällig ein Wanderer mit seinem Stock in den weichen Schnee gestochen hat. Die sind jetzt auch hart gefroren. Doch ich gelange äußerst vorsichtig schreitend ungefährdet bis auf die andere Seite. Nun aber befinde ich mich zwischen zwei Schneefeldern - gewissermaßen in der Falle. Beim zweiten Schneefeld nehme ich dann wenigstens das Fahrtenmesser zur Sicherung. Ich steche es bei jedem Schritt in den harten Firn schräg über mir. Doch ich befürchte, daß die Klinge brechen könnte, wenn ich abgleite - einfach durch den Ruck.

Dann aber ist auch diese Gefahrenstelle passiert. Noch viel später erinnere ich mich dieser Sache nur mit Gruseln. Damals war mir die Gefahr so sehr gar nicht bewußt geworden. Doch genau darin liegt ja das Problem von Gefahren. Man sollte sie beizeiten erkennen und muß dann auch richtig reagieren. Mit meiner Ausrüstung (keine Steigeisen, kein Eispickel) hätte ich bei diesem Wetter dieses Schneefeld einfach erst am Nachmittag passieren dürfen, wenn es wieder weich ist.

7 Uhr, Rast auf dem Sattel „Mosgowischka Porta". Dieser Sattel bildet einen der markantesten Punkte im Pirin. (Auf neueren Karten wird dieser Paß auch als „Prewalska Porta" bezeichnet.) Eigentlich müßte ich über dem Tal der Demjanitza von hier aus im Norden das ferne Rila-Gebirge sehen können. Doch das versteckt sich diesmal im Dunst.

Und hier stehe ich nun. Die Füße sind warm und trocken. Die Schuhe standen die ganze Nacht am warmen Ofen. Der Schnee ist noch nicht naß - Stille, Ruhe. Fern und leise nur tönt von unten das Rauschen der Bergbäche zu mir herauf auf die weiß glänzenden Schneefelder und Gipfel. Wieder ganz allein stehe ich „in den Bergen", dort, wo diese tatsächlich wieder richtige Gebirge sind, unverbaute Landschaft, still aber souverän in sich selbst ruhend.

Das riesige Tal voraus, wo die Demjanitza zu Tal strebt, werde ich in diesem Urlaub nicht wieder durchschreiten. Heute will ich oben auf dem Kammweg im Westen vom Tal in Richtung Wichren wandern. Der Wichren ist mit 2914 Metern der höchste Berg dieses Gebirges, den ich noch zu ersteigen hoffe.

Ein drittes, auch ziemlich steiles Schneefeld auf der Nordseite des Passes ist noch zu passieren. Es läuft aber unten sehr gemächlich aus. Bei einer Rutschpartie muß unten kein harter Aufprall befürchtet werden. Doch es geht tief hinab. Diesmal bin ich ganz vorsichtig, lege die Kraxe ab und schneide Schritt für Schritt Tritte in den harten Firn und dazu Halterungen für die Hände. Das dauert ca. zwanzig Minuten. Danach kann ich mit der Kraxe über das Schneefeld marschieren wie auf einer Treppe. Später begegnen mir Leute, die einen sehr leichten Eispickel mit sich führen, was mir bei solchen Stellen nun keineswegs überflüssig erscheint.

7:30 Uhr, erste Rast auf dem Kamm zum „Goljam Tipitz" (2645m), die höchste Erhebung auf dieser Route. Rechts unten streckt sich das lange Tal der Demjanitza abwärts in Richtung Norden, wo ich vor ein paar Tagen empor gewandert war, links unten der „Zirkus Tschaira" - weit und tief mit seinen vielen in der Sonne glitzernden Seen.

Die Sonne strahlt kräftig. Ich habe ein langärmeliges Hemd an, um mir die Arme nicht zu verbrennen und eine Schirmmütze über den Augen. Es ist aber trotzdem empfindlich kühl hier oben. Viel Zeit für Betrachtungen habe ich nicht. Ich muß weiter. Ich muß erst die größten Schwierigkeiten überwunden haben, bevor ich mir Zeit lassen kann.

Auf dem Grat ist es unwirtlich. Links fällt das Gebirge gemächlich ab, rechts jedoch geht es fast senkrecht nach unten. Dort hängen Schneewächten und drohen jeden Moment abzustürzen. Als ich das vor Tagen von unten gesehen hatte, konnte ich mir nicht so recht vorstellen, daß man dort oben wandern kann. An einer Stelle wird es dann auch einmal recht schmal auf beiden Seiten. Da muß ich dann sehr vorsichtig mit Händen und Füßen darüber hin klettern.

Das Besondere aber ist die große Stille hier oben. Nur diese schwarzen Vögel mit dem gelben Schnabel segeln elegant durch die Lüfte und lassen ab und zu melodisch schrille Schreie ertönen. Hier oben gibt es nun auch kein fließendes Wasser, wie sonst immer wieder in den Berghängen. Wo sollte es auch herkommen? Doch wenn meine Trinkflasche leer ist, kann ich sie mit Schnee füllen. Wasser spielt hier im Gebirge eine ganz wesentliche Rolle für mich. Es hat weit mehr Bedeutung als zu Hause, Wasser zum Trinken, zum Erfrischen, zum Waschen.

8:30 Uhr, dritte Pause. Im Nordosten zeigen sich die ersten Wolken über dem Kajmaktschal.

9 Uhr, nächste Rast. Weit hinter mir queren zwei Touristen das Schneefeld an der Mosgowischka Porta. Es sind die beiden älteren Tschechen. Im Südosten ist ein gewaltiges Felspanorama aus schwarzem Gestein und weißem Schnee zu bewundern, überragt vom gewaltigen Gipfel der Kamenitza. Gegen 11 Uhr habe ich die Gratwanderung beendet. Zeitweilig ist alles vom Nebel zugezogen. Dann bricht wieder heiß die Sonne durch die Wolken und wärmt.

Wetter, Wind und Wolken, Gestein, Bergkämme, Schneefelder, dürre Matten, Krüppelkiefern, ferne Wälder - das in etwa ist die Welt dieses kleinen Hochgebirges.

Vier Deutsche sind mir unterdessen begegnet. Sie machten einen mürrischen Eindruck - grimmige Jungwanderer und einige von ihnen in kurzen Hosen mit nackten Beinen - vor Kälte schlotternd. Sie kamen von unten aus der Wärme, hatten einen gewaltigen Anstieg hinter sich. Es war doch so brütend heiß an der Hütte gewesen! Jetzt aber froren sie ganz offensichtlich. In den Nebelschwaden hier oben fiel nämlich die Temperatur bis fast auf den Gefrierpunkt. An meiner Kraxe bildeten sich hier und da Eiskristalle. Wollten sie so tatsächlich noch bis um Tewnoto-Esero?

Ich halte „Hauptmahlzeit" am Abstieg zur Hütte „Wichren". Drei Bulgaren machen hier ebenfalls Rast. Sie sprechen alle gut Englisch und wollen zum Tewnoto Esero. Ich kann mir jetzt Zeit lassen. Es geht nur noch bergab.

13 Uhr befinde ich mich im großen Talkessel unter dem Wichren - Dlgoto Esero. Die beiden Tschechen haben mich eingeholt. Der Himmel ist wolkig bis bedeckt. Die Steine ringsum sind eisig kalt. Große Schneefelder mußte ich beim Abstieg passieren. Die Bäche dort flossen zum Teil noch ganz in Schneerinnen. Immer wieder sind Gemsen zu sehen, die in kraftvollen Sprüngen die Hänge hinauf oder hinunter eilen. Ihr Fell ist zottig. Ihr Ruf klingt wie der eines Vogels. Murmeltiere soll es hier keine geben, so hatten mir die Bulgaren gesagt. Ich habe auch nie welche zu Gesicht bekommen.

Es ist 15:30 Uhr, und ich liege auf angrünenden Wiesen. Unweit muß die Hütte sein. Über mir brauen sich gewaltige Wolken zusammen. Neben mir ragt Felsgestein. Seen breiten sich aus. Bäche strudeln zu Tal oder springen als Sturzbäche von den Felsen. Von einer Wand im Westen tost sogar ein ziemlich hoher Wasserfall herab.

Ab und zu sticht die Sonne glühend heiß aus einem Wolkenloch. Ich bade Füße und Arme in dem klaren Eiswasser eines lieblich murmelnden Bächleins. Der Abstieg war gewaltig. Ein Aufstieg zurück nach Tewno Esero muß allerhand Kraft kosten. Von der Hütte hier bis zum Kamm geht es auf einer Strecke von vier Kilometern 670 Meter bergauf. Dann folgen noch reichlich sieben Kilometer bis Tewnoto Esero.

Die Wichren-Hütte und etwas weiter unten die Banderitza-Hütte scheinen die Hauptanlaufpunkte für Touristen im Pirin zu sein. Beide Hütten sind über eine glatte Asphaltstraße zu erreichen. In diesem Tal hier laufen überall Deutsche herum, die ich für Biologiestudenten halte. Hier studieren sie vermutlich die Höhenzonen des „Frühlingsaspektes im Gebirge" - diese Glücklichen!

Die Wichren-Hütte kommt mir von innen recht öde vor - Massenquartier. Aber sie ist malerisch gelegen. Der Hüttenwirt ist ein uriger Typ - schwarz gekleidet, groß, grauer Rauschebart und bulgarische Unfreundlichkeit. Das Zimmer hat etwa acht Doppelstockbetten, ist vorerst halb belegt, und es sind keine Deutschen dabei. Ich lege mich zeitig schlafen - mit Ohropax. Die Dielen beben, die Betten schwanken - Tumult und ein ständiges Kommen und Gehen.

Wichren, Kontscheto-Sattel   26.06.87 Fr.

4:30 Uhr, eine deutsche Gruppe, bestehend aus zwei Pärchen, die gestern spät hier ankamen, steht auf. Diese bitte ich, mir die Zeit ansagen und erhebe mich ebenfalls. Die Kraxe lasse ich stehen. Den Schlafsack deponiere ich auf dem Bett. Nur den grünen Faltbeutel nehme ich an einem Strick über der Schulter mit. Darin befinden sich Regensachen, Wasserflasche und Proviant. In der Touristenküche unter den Schlafräumen habe ich mir etwas Zucker abgefüllt. Zucker hatte ich vergessen einzukaufen. Im Herd brennt schon Feuer. Ich brühe mir einen Tee aus Kräutern, die ich selbst gesammelt hatte und esse dazu eine Weißbrotschnitte.

5 Uhr, Aufbruch in der Morgendämmerung. Mein Personalausweis befindet sich noch beim Leiter der Herberge, weil ich nämlich zwei Nächte hier bleiben will.

6 Uhr befinde ich mich weit oberhalb der Hütte auf dem Weg zum Wichren. Weit ist es nicht bis zu diesem höchsten Gipfel des Pirin, nur zweieinhalb Kilometer. Aber es geht tausend Meter bergauf. Die Sonne erhebt sich hinter einer Wolkenwand. Die „Berglerchen" singen.

7:30 Uhr steige ich inmitten einer „Marmorwand" bergauf. Es ist eine riesige, fast weiße, kaum strukturierte Fläche, die schräg nach oben führt. Es ist die Südflanke des Wichren. Den Gipfel kann man von hier aus nicht sehen. Marmor? Nun gut. Doch schön poliert, so wie wir Marmor kennen, hat ihn hier noch keiner.

Etwa hundert oder hundertfünfzig Meter unter mir erreichen die vier Deutschen das Plateau vor dem Gipfel. Dieses ist eine große, grüne Wiese, auf der eifrige Touristen mit weißen Steinen und einigem Fleiß Schriften ausgelegt haben: „БЛАГОЕВГРАД", „Mutschen", „ПЛОВДИВ" usw. Der Reinhold hatte mir schon davon berichtet. Doch er will hier auch noch „SOLIDARNOSCHT" gelesen haben (die neue, revolutionäre. polnische Gewerkschaftsbewegung). Davon aber sehe ich nichts.

Diese Marmorwand so steil nach oben wirkte einigermaßen beklemmend auf mich - kein Baum, kein Strauch, kein markanter, herausragender Felsen, kein Gipfel, nur immer schräg nach oben wie eine endlose Treppe, die Stufe für Stufe geradewegs in den Himmel hinauf zu führen scheint.

Ab und zu esse ich jetzt wieder eine Traubenzuckertablette. Doch wie schon gesagt, macht dieser Traubenzucker nur Sinn, wenn man unmittelbar Leistung bringen muß. Das ist jetzt wieder einmal so ein Fall. Und etwas stumpfsinnig erscheint es mir obendrein - immer nur stur bergauf steigen. Der Weg streckt sich. Und die Kraxe auf dem Rücken hat ihr Gewicht.

7 Uhr, der Gipfelgrat des Wichren ist erreicht - höchster Berg im Pirin, 2914 Meter. Gleich gegenüber, getrennt durch einen tiefen und mächtigen Sattel, befindet sich der Kutelo, 2908 Meter. Vom Sehen

her sieht er höher aus als der Wichren. Der Wichren ist ein isolierter Gipfel, der Kutelo bildet den Anfang einer langen Bergkette.

Als die Natur die Berge erschuf, da dachte sie offenbar nicht daran, daß in dieser einst auch Menschen leben werden, die „höchste Berge" suchen oder „Berge" überhaupt. Wo gibt es schon einen Berg, der wirklich „Berg" ist? Z.B. der Musala, mit 2925 Metern der höchste Berg im Rilagebirge, ja der höchste Berg der gesamten Balkanhalbinsel, gleicht von weitem gesehen eher einem sanften Hügel. Oder was auf der einen Seite schroff und steil aussieht, ist von der anderen vielleicht nur eine sanft geneigte Ebene.

Die Nordseite des Gipfelgrates des Wichren ist von einer gewaltigen Schneewächte überhangen. Von hier oben soll man in Richtung Süden auch einen Blick zum fernen Olymp in Griechenland haben - dem Sitz der Götter. Doch heute ist die Sicht dazu nicht gut genug. Sonst hätte ich glatt bis in den „goldenen Westen" gucken können - wenigstens „mal gucken"!

Kurz nach mir erreichen auch die beiden deutschen Pärchen den Gipfel. Es sind junge Leute.

Ich mache eine größere Rast und öffne dazu wieder einmal eine der Fleischbüchsen, die ich hier mit durch die Berge schleppe. Dazu habe ich auch noch eine Tomate.

Die vielen Gipfel ringsum - eben noch sichtbar - verschwinden in den Wolken. Um den Gipfel des Wichren sammeln sich Nebel. Und weiße Wolkenwatte zieht überall um uns herum. Durch das Gewölk aus Ost scheint milchig die Sonne. Und Stille ist überall. Im Westen läßt sich noch das Blau des Sommerhimmels erkennen. Sogar die Schutzhütte Bajubli-Dubki kann man deutlich sehen - fast greifbar nahe.

Ich erhole mich langsam von dem Aufstieg und beschließe, noch etwas weiter zu wandern.

9 Uhr, Abmarsch in Richtung Kutelo. Es ist eiskalt geworden. Auf dem Nordhang des Wichren steige ich abwärts. Es sind Geröllhalden, teilweise auch Schneefelder zu passieren. Dann folgt steiler Fels. Ab und zu muß ich die Hände zu Hilfe nehmen, um hinunterzukommen. Es wird immer steiler. Schließlich beginnt die ausgedehnte

Schutthalde. Hier steige ich bequem in den großen, sanft geneigten Sattel ab.

9:30 Uhr befinde ich mich im Sattel zwischen Kutelo und Wichren. Vor mir und hinter mir ragen gewaltig die Wände der beiden Berge empor. Wie ich das so betrachte, erscheint es mir jetzt kaum glaublich, daß ich soeben den Wichren auf dieser Seite herab gekommen bin - so steil und unbezwingbar sieht diese Wand von unten aus.

Ich verzichte auf einen Aufstieg zum Kutelo und will lieber schräg am Hang zum Kontscheto-Sattel hinauf. Dorthin führt ein markierter Weg. Aber bald treffe ich dort ein steiles und großes Schneefeld, welches in unermeßliche Tiefen führt. Der Schnee ist hart. Ich habe das Messer mit einer Schlinge am Handgelenk festgebunden und versuche wieder, Stufen in den Schnee zu schneiden. Dieses mühsame Unterfangen gebe ich aber bald wieder auf. Es erscheint mir auch zu gefährlich. Das Wandern hier oben ist nicht unbedingt ein Spaziergang.

10 Uhr und ich bin wieder unten im Sattel. Ich muß doch erst auf den Gipfelgrat hinauf, wenn ich noch bis zum Kontscheto-Grat möchte. Auch hier gibt es schon einen Pfad, der schräg nach oben führt. Und wieder geht es endlos bergauf. Jetzt befinde ich mich wieder vor den vier Deutschen, die noch vorn auf dem Kutelo waren. Der Grat hier oben ist schmal. Die Nordseite fällt steil ab und ist ver-

schneit. Von dort ziehen beständig Wolken über den Kamm. Die Sicht ist schlecht geworden.

11 Uhr, am Kontscheto-Sattel. Die Deutschen überholen mich endgültig und verschwinden an den Stahlseilen unter mir im Nebel der niedrigen Wolken. Hier hat es jetzt wirklich den Eindruck, als befände man sich in einem Wolkenozean, aus dem hier und da Inseln aufragen - die Bergspitzen.

„Kontscheto" heißt Fohlen oder Pferdchen. Ich hatte darüber gelesen, daß dieser Sattel so schmal sei und so steil auf beiden Seiten abfällt, daß man ihn nur sicher passieren könne, wenn man rittlings wie auf einem Dachfirst hinüber „reitet". Das aber sei nun nicht mehr nötig, weil Eisenstangen angebracht wurden, an denen ein dickes Stahlseil hängt, wo man sich festhalten könne. Auf beiden Seiten dieses Sattels soll es viele hundert Meter steil bergab gehen. Wie tief es tatsächlich hinuntergeht, kann ich wegen der Wolken nicht erkennen. Alles ist vom Nebel eingehüllt. Aber ich weiß, es geht sehr, sehr weit hinunter. Ich habe Angst. Ich habe schon auf dieser ganzen Wanderung Angst gehabt. Morgen muß ich weiter. Doch hier werde ich nie darüber gehen und schon gar nicht mit der schweren Kraxe!

Ich kehre um und klettere vorsichtig wieder auf den Grat hinauf, um das Schneefeld zu meiden. Dann verfehle ich aber doch den richtigen Abstieg. So gehe ich wieder zurück und finde schließlich das Steinmännlein, welches ihn markiert. Jetzt ist gar keine Sicht mehr. Im grauen Nebelgewaber um mich herum steige ich langsam auf dem steilen, steinigen Hang nach unten - immer nur unmittelbar die nächsten zwei, drei Meter erkennend.

12 Uhr, wieder im großen Sattel, ringsum Gewölk. Auch hier sind Schriften ausgelegt, „ERFURT", „БЕЛОГРАДШИК" usw.

Zum weiteren Abstieg wähle ich einen anderen Weg, nämlich direkt vom Sattel aus hinunter zur Banderitza. Bald stehe ich am Abhang eines gewaltigen Talkessels, der noch vollkommen verschneit ist. Hier muß ich in einem steilen Schneefeld hinabsteigen. An der abschüssigen, eisigen Nordwand des Wichren beobachte ich Bergsteiger. Wie ich später erfahre, handelt es sich bei dieser Örtlichkeit um einen der ersten Übungsplätze für bulgarische Alpinisten.

Hinter dem Talkessel auf einem Hügel links von oben steht eine Biwakschachtel - eine winzige, quaderförmige Schutzhütte. Ein weiterer mächtiger Talkessel öffnet sich vor mir. Auf seinem Boden auf der Grasnarbe sind auch wieder Schriften ausgelegt. Die Leute müssen hier wirklich eifrig sein in der Hauptsaison!

Zum ersten Mal fällt mir jetzt auf, daß in dieser Gegend keine Bäche fließen. Der Talkessel gleicht einer Wanne - aber kein See blinkt daraus hervor. Es ist alles Kalkgestein, auf dem ich mich hier bewege. Das Wasser versickert darin, hat sich Gänge und Höhlen heraus gelöst - Karstgebiet. Auf meiner Wanderkarte waren weiter unten ja auch Höhlen eingezeichnet. Vielleicht kann ich die besichtigen?

13 Uhr, Abstieg. Ringsum ist alles trocken - kein Bächlein murmelt, alles Wasser versickert, nur einige Pfützen Schneewasser gibt es noch hier und da. Am Weg wachsen Himmelsschlüssel, Krokusse und Veilchen.

13:30 Uhr, über den Bergen braut sich ein Gewitter zusammen. Unten im Tal jedoch scheint die Sonne. Die Ebene dort unten leuchtet so hell herauf wie gestern schon. Das Grollen des Donners klingt eigenartig in den Bergen - wie ein Flugzeuggeräusch, wie ein langgestrecktes Rauschen und Rollen. Bei mir hier im Tal ist es still bis auf einige Vögel. Es regnet leicht. Ich habe unter einer dicken Panzerkiefer Schutz gesucht. Hier nämlich befinde ich mich im Gebiet dieser urtümlichen Bäume, deren Rinde aussieht, wie man sie sich vielleicht bei einstigen großen Echsen vorstellt.

15 Uhr, Banderitza - untere Berghütte im Tal zum Wichren. Auf meinem Weg zu dieser Hütte bin ich einem Untier begegnet. Auf einer Wegekrümmung durch den Hochwald, der den schrägen Hang bedeckt, stand vor mir plötzlich ein Wesen, daß ich im ersten Moment für eine Kuh hielt. Danach glaubte ich einen großen Bären vor mir zu haben. Doch dieses Ungeheuer war gelb und mit mächtiger Zottelmähne behangen - ein Löwe? Dafür aber erschienen mir die Beine zu lang. Dieses Monster stand still vor mir auf dem Weg - vielleicht vierzig Meter entfernt - rührte sich nicht, aber betrachtete mich aufmerksam. Schließlich glaubte ich an einen leibhaftigen Höllen-

hund und kam damit der Wahrheit am nächsten. Denn nun erkannte ich auch weiter hinten zwischen den Baumstämmen eine Bewegung von Schafrücken.

Bei diesem erstaunlichen Tier handelte es sich offenbar um einen riesenhaften Bernhardiner - hoch wie ein ausgewachsenes Kalb. Der Hund schien Zeichen zu geben. Auf einmal kamen noch drei oder vier Hunde angehetzt - schwarz und deutlicher als Hunde zu erkennen. Einer von ihnen kam sogar ziemlich nahe an mich heran, bellte und fletschte die Zähne. Ich zog mich zurück und umging die Herde. Die Hunde waren sofort wieder ruhig und ließen mich ohne irgendeine Belästigung ziehen.

Die Banderitza-Hütte machte einen guten Eindruck auf mich, so daß ich beschloß, hier noch eine Nacht zu verbringen. Es handelt sich um ein großes Gebäude und kleinere Unterkünfte daneben. Es gab sogar eine Verkaufsstelle, die allerdings geschlossen hatte. Ein Stück weiter unten in einer Kurve der Teerstraße entdeckte ich den Campingplatz. Viele Zelte befanden sich dort aber nicht.

15:30 Uhr. Nach dem Gewitterregen brennt die Sonne wieder heiß vom Himmel. Ich befinde mich in einem „Blumengarten" zwischen Banderitza und Wichren-Hütte. Seltsame Vögel und Pflanzen gibt es hier - z.B. weinrote Hyazinthen(?).

16 Uhr, Aufstieg über eine Müllhalde zur Hütte. Hier wird aller Dreck einfach hinter die Gebäude geschüttet, einfach den Hang hinunter. So ordinär das auch aussieht, es beruhigt mich zugleich: Hier gibt es noch keine Umwelthysteriker. Der Schlafraum ist wieder leer. Nur meine Sachen sind noch da, nichts fehlt. Ringsum ist alles sauber aufgeräumt. 9:3018 Uhr habe ich bezahlt: 3,80 Lewa für zwei Nächte. Als ich in den Schlafraum zurückkomme, befindet sich darin eine Gruppe von Bulgaren. Alles ist voll und übervoll. Zwei Berliner nehmen mich in ihrem Nachbarzimmer auf. Das aber füllt sich im Laufe des Abends ebenfalls. Man kommt auf dieser Teerstraße einfach zu leicht hier herauf.

Dann begebe ich mich noch auf einen Rundgang am Fluß Banderitza entlang. Kurz oberhalb der Hütte fließt dieser Bergbach unter einem mächtigen, dicken Schneetunnel hindurch. Das Wasser

67

gurgelt daraus hervor wie aus einem Gletschermaul. Es handelt sich um die Reste einer Lawine.

Zeltplatz am Wichren 27.06.87 Sa.

7:30 Uhr, aufstehen, klarer Himmel, die Sonne ist soeben über den Bergen erschienen. Ich sitze in der Touristenküche bei Tee und Weißbrot. Draußen zieht eine Kindergruppe mit Ski in die Berge. Angler sind unterwegs. An den Wochenenden finden sich offenbar immer viele Gäste in diesen Hütten ein. Das sollte man einkalkulieren, wenn man sich seinen Zeitplan erstellt.

9:30 Uhr. Mit leichtem Gepäck wandere ich ein Stück bergauf und komme bis an einen kleinen See. Das Wasser darin ist schön blau und klar. Zugleich liegt über die Hälfte dieses Sees voller Schlamm und Erde - mächtige Gesteinsbrocken, hier und da Flaschen oder leere Konservendosen. Zuerst dachte ich, das sei eine Art Abfallplatz, eine „Ausfülle" also. Erst mit der Zeit begriff ich, daß es sich „nur" um die Reste einer beachtlichen Lawine handeln konnte, die da im See schwamm. Man sah deutlich, was sie alles mitgerissen hatte bei ihrem Sturz von ganz oben. Bei noch genauem Hinsehen war zu erkennen, daß sich unter den Erdmassen Eis und darunter wieder Wasser befand. Doch fast die gesamte Seefläche war von diesen Lawinenresten bedeckt.

> Не замърсявай!
> Не загрязяй!
> Nicht verunreinigen!
> Do not soil!

Hinter dem See gab es auch noch eine große Schneebrücke über den Fluß Banderiza - vermutlich ebenfalls die Reste einer Lawine. Im Winter und Frühjahr dürfte es hier also einigermaßen gefährlich sein.

Ich suche einen einsamen Bach. Doch das ist gar nicht so einfach. An einer Stelle muß ich schließlich zurück, weil das Knieholz mir den weiteren Weg versperrt. Oben hüllt sich der Gipfel des Wichren wieder in Wolken.

12 Uhr, Rast und Waschen an der Banderitza. Über den Bergen sammelt sich Gewölk

14 Uhr. Um die Berge herum hat sich der Himmel wieder bedeckt. Über der Ebene unten leuchtet er blau. Ich war endlich mit allen meinen Sachen wieder zur Hütte Banderitza gewandert. Dort bekomme ich aber eine Absage. Vier junge Deutsche hatten auch schon erfolglos nachgefragt gehabt. Vor dem Gebäude lungert eine deutsche Touristengruppe, die vermutlich mit einem Reisebus hier hinauf gebracht worden war. Ich solle hinauf zur Wichren-Hütte gehen, wird mir gesagt. Das tue ich auch.

16:30 Uhr, Ruhetag. Im Knieholz - ruhig und einsam zwischen beiden Hütten gelegen - habe ich ein wenig auf Roys Matte gedöst und dann den grünen Beutel genäht, den ich immer seitlich an die Kraxe hänge für Dinge, die man schnell braucht. Er zerfällt langsam. Aber er hat sich auch gut bewährt. Meine Wanderschuhe habe ich mit Kamillenhautcreme eingerieben.

Über dem Gebirge mulmt es grau. Ab und zu rollt der Donner. Jetzt bedauere ich, daß ich gegen einen plötzlichen Gewitterhagel keine leichte Regenplane bei mir habe. Doch es bleibt trocken heute. In einem Gebüsch huscht es klein und braun und bleibt unter dem Ast eines Wacholderbusches sitzen. Ich sehe nur den behaarten Schwanz. Es ist eine Haselmaus, die in eine Art Schreckstarre verfallen ist. Nach einigem Warten streckt sie den Kopf zwischen den Zweigen hervor und fixiert mich. Ich kann sie mit den Fingern berühren, doch sie flieht nicht. Ich setze mich daneben ins Gras. Die Haselmaus bewegt sich und läßt den Kopf nach unten hängen. Dann dreht sie den Kopf wieder und betrachtet mich mit einem Auge. Sie rührt sich nicht von der Stelle, obwohl ich fast zehn Minuten darauf warte. Dann verliere ich die Geduld und stehe auf. Die Maus springt schnell den Ast entlang und entschwindet im strauchigen Gelände.

20:30 Uhr, Im Tal unten löst sich ein Schuß, später noch mehrere - Jäger vielleicht? Unterdessen habe ich beschlossen, gleich hier im Freien zu übernachten. Das ist verboten, ebenso wie zelten. Einen

Bären muß ich hier wohl kaum befürchten - oben eine Hütte, unten eine Hütte, am Hang die Straße, unten der Fluß und zweihundert Meter weiter versteckt ein Zelt mit Wochenendurlaubern. Ein Bär müßte von unten herauf gewandert kommen und an diese Hütten samt Trubel gewöhnt sein, was wohl eher nicht der Fall sein dürfte. Das hätte sich auch längst herum gesprochen. Ich muß mir nur eine ebene Fläche schaffen in diesem überall geneigten Gelände ringsum. Dann umfängt mich Stille - nur das beständige Rauschen der Banderitza weiter unten ist zu vernehmen. Und Ruhe kehrt ein - allein in den Bergen (nicht wirklich allein, aber abseits im Gebüsch). Zuweilen erweist sich eben eine versteckte Nähe zur Zivilisation als einsamer, geruhsamer, erholsamer, entspannter als die Ferne, wenn diese andauernd von hektischen Touristen durchquert wird.

  Не опљвай палатки!
  Не ставить палаток!
  Zelten verboten!
  Do not pitch tents!

Kontscheto Sattel, Schutzhütte 28.06.87 So.

  Leidlich gut geschlafen. In der Nacht waren auch mal Sterne zu sehen. Anfangs störten einige lästige Mücken.
  Gegen 6 Uhr befinde ich mich bereits ca. 200 Meter über der Wichren-Hütte auf direktem Weg zum Kontscheto-Sattel. Auf diesem Weg brauche ich nicht wieder zur Banderiza zurück, noch muß ich den Wichren übersteigen. Ich fühle mich ziemlich schlapp und überlege mir, ob ich vielleicht am nächsten Abzweig doch wieder nach unten abbiege. Letzte Nacht hätte ich auch in der Schutzhütte auf halber Höhe - Eltepe - übernachten können. Ich befürchtete jedoch, daß sie voller Bergsteiger sein könnte. Und sie ist ja auch nur klein - ein fragwürdiger Komfort.

Der Himmel zeigt sich trüb graublau. Im Nordosten erkennt man eine Wolkenkante, darüber das Gold der Morgendämmerung. Der Wichren hat schon wieder eine Nebelkappe aufgesetzt.

8 Uhr steh ich auf einer Kalkrippe. Von hier aus sehe ich das Tal, wo ich vorgestern abgestiegen bin. Gemsen stehen in malerischen Posen auf dem Hang und auf einzelnen Felsengipfeln. Eine hat einen besonders hohen Felsen erstiegen und posiert dort gegen den grauen Wolkennebel wie auf einem fetten, kitschigen Öl-Gemälde für Bergfreunde. Tief unter mir kann ich die beiden Hütten sehen. Viele, viele Leute bewegen sich dort umher, viele Reisebusse sind unterwegs.

Aus dem Tal steigen graue Schwaden auf. Der Himmel ist bewölkt. Die Sonne scheint matt. In einem trogartigen Seitental, einem richtigen Steinschlagkessel, mußte ich lange nach dem Weg suchen. Die Wegemarkierungen verschwanden einfach in einem großen Schneefeld - und direkt voraus zeigte sich nur eine unbezwingbare Felswand. Links und rechts davon ging es ebenfalls nur steil bergauf. Einige Spuren im Schnee führten nach links. Mit dem Fernglas fand ich nach geduldiger Suche schließlich ganz oben am rechten Hang wieder ein Wegzeichen - mit bloßem Auge kaum zu erkennen.

Man könnte auch ganz ohne solche Wanderhilfen auskommen. Doch dann muß man mehr Zeit einplanen. Und gänzlich verlassen sollte man sich auf derartige Hilfestellungen für Touristen sowieso nicht.

Und immer wieder bekomme ich Durst und möchte etwas Frisches, am besten etwas Sprudelndes trinken. Da fällt mir ein, daß ich ja Zitronensäure bei mir habe und in einem Marmorgebirge wandere. Was ist einfacher, als sich aus Marmorpulver und Zitronensäure ein sprudelndes Getränk zu bereiten? Gedacht - getan. Der Kalk löst sich, das Wasser perlt. Doch nachdem ich es getrunken habe, wird mir kribbelig und heiß und kalt - Kalziumvergiftung, Störung des inneren Gleichgewichtes. So einfach geht das also nicht mit der bloßen „Chemie". Und wieder habe ich etwas gelernt aus schlechten Erfahrungen und eigener Dummheit - und bin noch mal gut weggekommen dabei.

Gegen 8:30 Uhr wandere ich auf dem Weg, der von der Banderiza hinauf zum Wichren-Gipfel führt. Jetzt fühle ich mich wieder ganz wohl und werde noch ein Stückchen nach oben steigen. Erst einmal geht es wieder durch den verschneiten Talkessel, wo weiter oben die Kletterwand des Wichren beginnt. Bei der Hütte Eltepe bewegen sich zwei Touristen.

Es ist 9:30 Uhr und ich befinde mich wieder im breiten Sattel zwischen Wichren und Kutelo - große Pause. Die Gipfel ringsum sind von Wolken umwallt, darüber Schäfchenwolken am Himmel. Die Sicht ins andere Tal hinüber ist frei.

12 Uhr, ich habe die Schutzhütte hinter dem Kontscheto-Sattel erreicht. Beim Aufstieg auf diesem Kamm kamen mir im Nebel drei Bulgaren entgegen. Es pfiff ein eisiger Wind. Zur Sicherung hatte ich mir aus dickem Draht (aus dem Müll der Banderiza) einen Haken gebogen, den ich mit einer Zeltleine an der Kraxe befestigt hatte. Ich befürchtete das Schlimmste, weil es oben auf diesem scharfen Grat noch stärker blasen könnte. Im Ohr bemerkte ich ständig Luftdruckschwankungen. Das große, abschüssige Schneefeld umging ich wieder und tastete mich im Nebel langsam nach oben. Der Hang hier war tatsächlich ausgesprochen schräg - gleichmäßig, aber steil und tief nach links unten abfallend. Als ich einmal vom Pfad abgekommen war, mußte ich die Hände zu Hilfe nehmen beim Steigen. So gelangte ich immer höher. Auf einmal wurde es fast windstill und warm - eine andere Luftschicht?

Der Kontscheto-Sattel erwies sich dann als erstaunlich problemlos. Bei diesem Wetter hätte ich auch ohne die Stangen und das Stahlseil darüber hin „balancieren" können. Trotzdem hakte ich mal den Haken in das Stahlseil ein. Und an anderer Stelle probierte ich, ob er mich im Fall der Fälle auch halten würde. Er hielt.

Die Nordseite am Kontscheto-Sattel fällt tatsächlich sehr steil in das Gebiet „Bajubi Dubki" ab. Dort gäbe es bei einem Sturz hinunter kaum noch ein Halten. Und es geht so etwa 300m direkt hinab.

Die Südseite oder besser Südwestseite dieses Felsgrates ist weit weniger steil. Hier kann man von einigen Stellen des Kontscheto zwar auch gefährlich abrutschen.

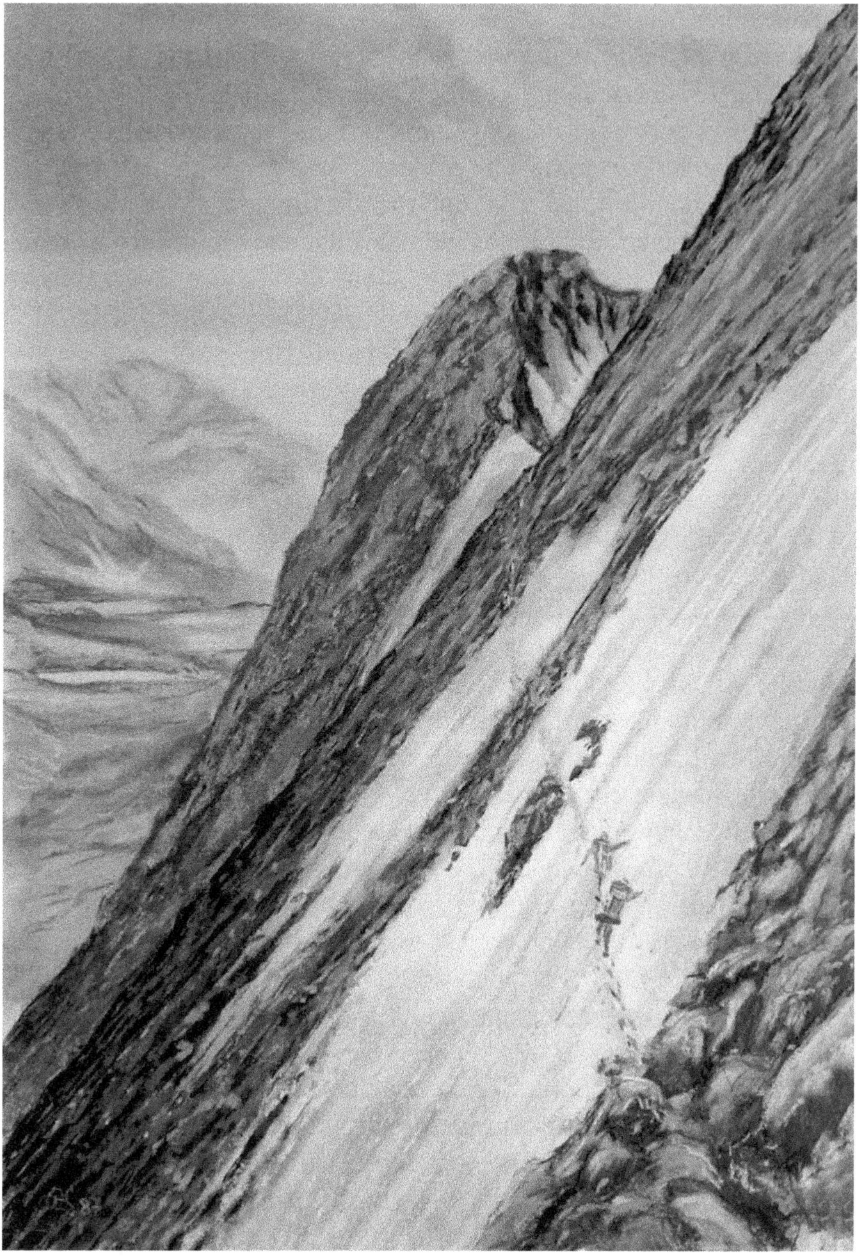

Doch man wird dabei kaum tiefer als zehn Meter kommen. Außerdem führt hier auch gleich unter dem Grat ein ganz normaler Wanderweg entlang, den man fast gefahrlos benutzen kann. Man muß also gar nicht oben auf dem schmalen Grat balancieren.

Hier und dort führt dieser Weg allerdings auch durch Schneefelder. Und die Kraxe sollte auf diesem Hang auch nicht ins Rollen kommen. Es könnte sonst sein, daß man fünfhundert Meter absteigen muß, um sie wieder zu holen. Eine mir folgende Gruppe von Leichtwanderern versuchte es erst einmal über die Schneefelder, umging diese dann aber auch oberhalb in Kamm-Nähe.

Bei dieser Gelegenheit machte ich die Erfahrung, daß es eine merkwürdige Sache ist mit der Angst. Noch vor zwei Tagen hatte sie mich ganz in ihrer Gewalt. Jetzt auf einmal war sie vollkommen verflogen. Angst ist vielleicht doch ein „chemisches Prinzip"? Ausgelöst von „Angstsubstanzen" im Kreislauf, baut sie sich aus allerlei meist psychischen Gründen, auf - und alles gute Zureden hilft dann nicht. Dann aber verschwindet sie auch wieder aus dem Blut - langsam - wenn es diese Gründe nicht mehr gibt. Auch bei dem Bären hatte ich das beobachten können. Als ich ihm gegenüber stand, empfand ich keinerlei Angst. Die kam erst später, dann aber gründlich. Sie hatte sich gewissermaßen „aufgebaut".

Die Schutzhütte hinter dem Kontscheto-Sattel ist ein kleiner, robuster Holzkasten, ein Würfel mit etwa drei Metern Kantenlänge und an den vier Ecken mit Stahlstangen im Fels verankert. Außerdem hat sie einen Blitzschutz. Die Holzwände sind doppelt. Dazwischen befindet sich zur Wärmeisolierung Spreu. Damit wird die Hütte innen noch viel kleiner - eine kleine Tür mit zwei Flügeln oben und unten, ein winziger Vorraum und eine zweite Tür. Innen ist es also reichlich eng. Pritschen sind übereinander und ineinander geschachtelt. Zehn Leute können solcherart geschichtet hier bequem unterkommen. Es sollen aber auch schon vierzig Leute in dieser „Biwakschachtel" übernachtet haben, so wurde mir zumindest berichtet.

Vorerst bin ich allein und will auch eine Nacht hier bleiben. Die Hütte ist denkbar schmuddelig. Verschimmeltes Brot und Wurstreste kleben zusammen mit verknuddelten nassen Decken am Boden. Die

Mäuse haben Löcher ins Holz genagt. Aus den Ritzen sind große Spreuhaufen aus der Verschalung gerieselt. Hinter der Hütte befindet sich ein großer Abfallhaufen. Eine Zwiebel von dort schleudere ich schnell hinunter in die Bajubi Dubki - bevor ich in Versuchung komme, sie zu essen. Meine Verpflegung wird wieder einmal knapp. Aber immer noch habe ich die Notration, die für zwei Tage ausreicht.

Ich räume auf in der Hütte und mache sauber, schaffe zerbrochene Flaschen aus der Hütte, breite Decken zum Trocknen aus. Hinter der Hütte steht auch noch ein Kanister voll mit roter Farbe samt Pinsel, mit dem die Hütte gestrichen worden war. Und überall ringsum liegen leere Schnapsflaschen.

Von einer Schneewächte weiter oben hole ich mir sauberen Schnee, den ich mir in der Trinkflasche auftauen kann. Dabei kann ich mir die nördlichen Abhänge des Pirin betrachten. Tief unten, vielleicht 700m, ist ein Fluß zu erkennen, Wlachinska Reka, der in gewaltigen Kaskaden zu Tal schießt. Das ferne Rauschen ist bis hier hinauf zu hören - das leise, melodische Tönen der Stille.

Die „Bergraben" schweben im Aufwind über dem Grat und stehen manchmal fast in diesem Luftzug. Dabei kommen sie mir bis zu zwei Metern nahe. Sie interessieren sich offensichtlich für diese Hütte. Vielleicht fällt hier ab und zu mal etwas ab für sie? Unten höre ich einen Stein poltern. Er poltert lange, bis irgendwann wieder Ruhe eintritt.

Von hier oben gäbe es einen weiten Rundumblick, wenn es das Wetter zulassen würde. Zwischen Wichren und Kutelo taucht in der Ferne für einen Moment der imposante Berg Kamenitza auf. Von dort also bin ich gekommen.

15 Uhr, ich bin fertig mit meinen Aufräumarbeiten. In der Hütte scheint es fast noch kälter als draußen zu sein. Vielleicht kommt heute niemand mehr hier hoch? Das Wetter ist nicht besonders gut. In den Tälern unten kann ich rasante Wolkenbildungen beobachten. Darin verschwinden elegant segelnd und schrill pfeifend - „die Bergraben". Zwei Wanderer kamen vorbei, doch sie bogen nicht ab zur Hütte, die etwas neben dem Weg auf dem Kamm steht. Danach aber wird es voll.

Nach und nach tauchen noch zwei einzelne Bergwanderer auf, einer ist schon älter und schleppt einen riesigen Rucksack von 23kg Gewicht. Der andere ist kaum über zwanzig und war den Kammweg von der Sinaniza zum Wichren gewandert. Die Hütte Sinaniza ist eine Bergsteigerunterkunft. Sie wäre geschlossen gewesen, so hörte ich. Er habe dort im Vorraum übernachtet.

„Biwakschachtel" auf dem Kontscheto-Sattel

Dann erscheinen noch drei Pärchen, zwei Tschechen und vier Deutsche. Von unten sind zwei kleine, magere Hunde mit ihnen heraufgekommen. Diese lungern um die Hütte herum und suchen nach Freßbarem - ansonsten Gespräche über die Berge, über das Wandern, über die Bären.

In der Nacht schlafe ich auf der einzelnen oberen Querpritsche und seile mich dort an, weil sie so sehr schmal ist. Ich schlafe aber gut, während draußen um den Kasten der Wind heult.

Schießplatz, Bansko   **29.06.87 Mo.**

7:30 Uhr, „Wecken" mit allgemeinem Geschrei. Draußen scheint grell die Sonne. Im Südwesten streckt sich klarer Himmel. Vom Nordosten drängt ein dichtes Wolkenmeer heran. Die anderen Wanderer machen sich fertig und marschieren ab in Richtung Wichren. Über dem Eingang der Hütte liegt ein dickes, in festes Sperrholz eingebundenes Hüttenbuch. Ich mache dort eine Eintragung in Bulgarisch und Deutsch mit einem „Bilch" und dem Text: „Villa Fernblick grüßt Kontscheto Schutzhütte, Macky."

8:30 Uhr, Aufbruch in Richtung Hütte Jaworow am westlichen Nordhang des Pirin. Der Himmel hat sich wieder zugezogen. Kurz hinter der Hütte habe ich ein putziges Erlebnis. Die beiden Hunde von gestern Abend hatten sich dort versteckt gehalten. Urplötzlich tauchen sie auf und fallen mich wütend kläffend an, so als wollten sie mich erschrecken. Doch das gelingt ihnen nicht so recht, denn dazu sind sie tatsächlich viel zu klein und zu mager. Sie geben auch schnell wieder auf. In der Nacht hatten sie einem der Wanderer eine Fleischbüchse gestohlen, die er unvorsichtig draußen auf seiner Kraxe deponiert hatte. Jetzt lauern sie vielleicht auf weitere „Opfer".

Im ersten Sattel hinter der Hütte biege ich nach rechts ab. Durch dieses Tal pfeift der Wind herauf wie durch einen Windkanal - zumindest hier oben am Bergsattel.

10:30 Uhr: Ich sitze nackt in einem Hochtal knapp über der Baumgrenze. Unterdessen sticht die Sonne heiß aus einem fast wolkenlosen Himmel. Ich habe mich im Schnee gewaschen. Bergbäche murmeln hier keine - obgleich ringsum alles taut. Der Schnee war sehr erfrischend. Unter einer dünnen, oberflächlichen Schicht ist er auch sauber.

Nur blaß vermag ich weit unten im Dunst die Ebene des Tales zu erkennen, welche das Pirin-Gebirge vom Rila trennt. Das Rila-Gebirge, dieser Koloß im Norden, ist nicht zu sehen.

Fliegen summen. Hier und da sickert Schneewasser. Vögel zwitschern - ansonsten Stille, mächtige Weite und eine imposante „tönende" Ruhe. Die Bergraben verfolgen einen Raubvogel. Von unten kommt ein leichter Wind herauf - graue Kalkfelsen, rosa Primeln. Ein Edelweiß habe ich noch nirgendwo gesehen.

So ist das Leben in den Bergen - und nicht in irgend so einer dumpfigen Klitsche angestrengt gelangweilt herumhocken müssen. Das ist schon etwas Besonderes! Gelegentlich erinnere ich mich daran und weiß es dann immer wieder auch zu würdigen.

12 Uhr, kurze Rast im Tal - brütende Sommerhitze. Beim Blick zurück wirkt der Weg zum Kamm hinauf, von wo ich gerade herunter komme, wie eine fast unbezwingbare Mauer - steil und riesig hoch. So ist das immer im Gebirge: Von unten sieht alles steiler und gewaltiger aus als von oben.

Die Gipfel hüllen sich in Wolken. Und ich wandere jetzt weit unten durch Hochwald. Das Pirin liegt hinter mir.

13:30 Uhr, Rast unter einer Kiefer am Wege. Ein Stück weiter vor mir sehe ich die Jaworow-Hütte. Sie ist ein großes Gebäude. Vor der Hütte rauscht ein Bach zu Tal - das erste Wasser, dem ich hier begegne. Eine Schafherde zieht gemächlich vorbei. Ein Hund knurrt mich wütend an.

Heute möchte ich noch bis Bansko kommen - unten durch das Tal, vor allem um auch wieder einzukaufen. Auf dem Weg dorthin möchte ich mir auch noch die Höhlen und die Karstquellen anschauen, die dort auf meiner bulgarischen Wanderkarte eingezeichnet sind.

So gehe ich auf dem Fahrweg wieder zurück bis dorthin, wo rechts nach einer Kurve auf einer Lichtung der schmale Wanderweg im Wald verschwand, auf dem ich herunter gekommen bin mit dem Schildchen „Reservat". Es war der blau markierte Weg. Der andere Weg führt von der Jaworow-Hütte direkt nach oben.

Ich wandere ein Stück am Hang entlang nach rechts durch einsamen Bergwald, dann wieder nach links, dann wieder über den Bach weiter unten. Dort wasche ich mich noch einmal und komme dann auf einem gelb markierten Wanderweg immer weiter hinunter, immer tiefer hinein in die große Ebene - letzter Abstieg aus dem Pirin.

Schließlich endet der Weg auf einer Teerstraße, die nach Raslog führt. Hier kommen mir langsam zwei deutsche Wanderer entgegen. An einem schönen Trinkbrunnen mit künstlerisch gestalteten Wasserspeiern treffe ich noch mal auf zwei Deutsche. Sie alle wollen hoch ins Pirin und kommen vom Predel-Paß. Hier und da sah ich auch Bauern auf den Feldern. Zweimal fragte ich nach dem Weg nach Bansko, weil dieser rechts abbiegen mußte. Die Wanderkarte stimmte hier sowieso nicht mehr, wie ich bald feststellen konnte. Die Bäuerinnen hatten teilweise noch Trachten an. Auf einem Getreidefeld trugen sie alle weiße Kopftücher.

Hier führte auch eine Teerstraße direkt in Richtung Bansko. Diese wählte ich für meinen weiteren Weg. Ein Stück neben dieser Straße, vielleicht zwei- oder dreihundert Meter, graste eine Schafherde. Obwohl weit weg, kamen die Hunde wütend zu mir herüber gejagt, liefen dann bellend und zähnefletschend neben und hinter mir her, sprangen auf mich zu. Ich lasse mich aber nicht beirren und wandere weiter. Einer von den Hunden scheint schon nach meinem grünen Faltbeutel geschnappt zu haben, der seitlich an der Kraxe baumelt. Weit hinten auf dem Feld stehen die Hirten und schauen dem Spektakel gelassen zu. Keiner pfeift die Hunde zurück. Vermutlich haben sie ihren Spaß dabei - die Hunde auch.

Nun aber biegt die Straße nach links ab und führt offensichtlich in ein Armeegelände. Das wußte ich nicht. Laut Karte müßten sich genau dort die Höhlen und Karstquellen befinden. Doch links und rechts sind jetzt nur noch Drahtzäune mit Verbotsschildern zu sehen. Und geradeaus auf der Straße nach Bansko steht ein größeres Schild auf Bulgarisch und Deutsch, daß hier der Durchgang verboten ist.

Ich will auch nicht in dieses Armeegelände und mache einen ersten Fehler, daß ich es nach rechts umgehen will, statt nach links, wobei ich auch gar nicht weiß, ob man es links tatsächlich umgehen kann. Ich verzichte also auf die Höhlen und steige am Zaun entlang hoch in den Wald. Denn ich möchte auf dem kürzesten Weg nach Bansko, weil ich heute dort noch einkaufen will, Brot vor allem und verschiedenes andere.

Weiter oben im Wald bemerke ich, daß das nun offenbar auch noch Armeegelände ist, Übungsgebiet oder so etwas an dieser Art. Doch nun möchte ich nicht wieder den weiten Weg zurück laufen. Außerdem herrscht überall tiefe Stille - kein Mensch. Offensichtlich befindet sich weit und breit niemand in der Nähe. Und hier wachsen immer wieder auch viele Walderdbeeren.

Schließlich gelange ich an eine breite Schneise, die direkt von den Kasernengebäuden unten im Tal steil hier hoch hinauf in die

Berge führt. An dieser Schneise entlang steige ich weiter bergauf und vermute, daß es sich dabei um die Schießbahn von einem Schießplatz handelt, der sich unten bei den Gebäuden befindet. Ein Stück weiter oben ist eine große, weiße Tafel zu sehen - vermutlich das Ziel.

Damit mich niemand von unten aus erkennt, will ich diese Schneise oben umgehen, wo sie im Wald endet.

Auch dort tief unten bei den Gebäuden bleibt alles still - keine Bewegung, als wäre dort niemand „zu Hause". Das beruhigt. Doch nun mache ich den zweiten Fehler. Statt die vielleicht zweihundert Meter, die noch bis zum Waldrand fehlen, weiter hinaufzusteigen, überquere ich einfach die Schneise. Die Ruhe hatte mich dazu verführt und dann auch der Gedanke, was wohl andere sagen würden, wenn ich denen erzählte, wie ich mich um den Schießplatz geschlichen hätte, damit mich keiner von dort weit unten sieht - Übervorsichtigkeit, lächerlich?

Die Kasernen unten im Tal sind jetzt weit mehr als einen Kilometer entfernt. Ich marschiere also los mit meinem leuchtend gelben Hemd quer über die Schneise und direkt unter der Zielscheibe vorbei - und es tut sich nichts.

Doch als ich mich auf der anderen Seite schon wieder im Wald befinde, brüllt von unten hektischer Motorenlärm herauf, Panzerketten knirschen. Jetzt aber scheint dort unten etwas loszugehen - von wegen Stille und Verlassenheit! Dann höre ich Trommelfeuer. Es knallt und kracht. Ich hatte mich soeben etwas ausgeruht gehabt im sicheren Wald. Jetzt springe ich auf und suche Deckung hinter einer der dicken Kiefern in der Nähe. Dann ein lauter Donner im Tal, und gleich danach höre ich es dicht über mir pfeifen - eine Granate, Panzergranate vermutlich. Ich drücke mich tief auf den Boden, weil ich gleich den Einschlag, die Explosion erwarte, Splitter etc.

Unterdessen bin ich über mich selbst verärgert, über meine dumme Leichtfertigkeit. „Verdammt", so denke ich, „jetzt hast du den Salat, jetzt schießen sie auf dich." Die Bulgaren sind dafür bekannt, daß sie nicht viel Federlesen machen. Ein Menschenleben gälte hier nicht viel - wenn „das Recht" nur auf ihrer Seite ist, so wurde mir schon mal erzählt.

Ich warte weiter auf den Einschlag, auf die Explosion, doch es passiert nichts, also nur eine Übungsgranate? Wann kommt der nächste Schuß? Es folgt keiner mehr. Nur noch ein kurzes Trommelfeuer und endlich Stille. Es blieb bei dieser einen Salve aus dem schweren Geschütz. „Dieser verdammte Tourist", werden sie sich unten gedacht haben, „daß wir den zu spät bemerkt haben!" Ein oder zwei Minuten früher und ich hätte tatsächlich alle meine bescheidene „Armee-Erfahrung" nutzen müssen, um robbend und mich in den Dreck drückend durch das Gelände zu kommen oder am besten gleich liegen bleiben in irgendeine Kuhle gezwängt, niedergehalten vom MG-Feuer, bis sie mich von unten holen. Und was dann?

Ganz ruhig wurde es aber doch nicht. Denn jetzt hörte ich dort unten wieder einen Motor aufheulen, leiser diesmal, vermutlich ein Jeep. Dazu tönt Hundegebell zu mir herauf. Das hörte sich fast so an, als schickten sie ein Kommando in die Berge, um mich doch noch abzufangen. Besonders die Hunde erscheinen mir dabei bedenklich. Da ich aber hier oben einen guten Vorsprung habe, beschließe ich, jetzt nicht mehr leichtfertig zu sein, sondern jeden Weg zu meiden und möglichst schwieriges Gelände zu suchen.

Soldaten sind faul. Wenn auf meinen Kopf keine spezielle Belohnung ausgelobt war, würden sie es bald sein lassen, mir noch weiter ins unwegsame Gelände zu folgen - zu Fuß und schwitzend. Aber wie gesagt, die Hunde. Hunde sind selten faul, die jagen auch ohne Belohnung. Darum werden sie ja auch vom Menschen so geliebt. Ich steckte schon mal mein Messer griffbereit. Und dann eilte ich auch gleich weiter, schräg bergauf, immer an den dicht bewaldeten Hängen des Pirin entlang, durch Gestrüpp, über Felsgestein, durch tiefe, steile Schluchten.

Der Jeep kam näher. Er quälte sich weit unter mir irgendwo bergauf. Ich hörte direkt, wie er die Kehren irgendwelcher Serpentinen nahm. Das Auto würde mich nicht erwischen. Und für die Hunde war ich vielleicht auch schon etwas zu weit hoch oben. An einer lichten Stelle mußte ich dann doch erst mal rasten. Sie war übervoll mit Walderdbeeren bestanden - eine willkommene Erfrischung nach dieser doch recht schweißtreibenden Flucht.

Nach einer Weile hörte ich wieder Hundegebell, jetzt schon weiter oben, aber immer noch tief unter mir. Offenbar hatten sie die Tiere jetzt losgelassen. Und die stöberten durch den Wald. Ich prüfte die Luft, sie wehte vom Tal herauf zu mir - ein Glück! Meine Spur aber könnten die Hunde finden, wenn sie nur hoch genug gekommen waren und dieser dann folgten. Also weiter, gleich wieder in eine tiefe Schlucht hinunter und dann wieder steil bergauf.

Dann hatte ich das Gefühl, sie gaben es auf. Ich hörte nun nichts mehr, war aber auch schon weit aus „ihrem" Gelände heraus - soweit ich das vermuten konnte. Denn schließlich hatte ich auch beim Eintritt weder einen Zaun übersteigen, noch dort weiter oben dann ein Schild ignorieren müssen. Ich hatte ja auch schon gedacht, ich hätte das alles längst umgangen, bis dann unvermutet die Schießbahn aufgetaucht war.

Der Weg streckte sich aber wieder und dehnte sich. Ich lief und lief. Das heißt, ein Weg war das gar nicht. Ich schritt vielmehr quer durch den Wald steile ausgewaschene Talwände hinab, unten ein dünnes Rinnsal, dann wieder steil bergauf durch verkrautete Hänge und wieder durch dichtes Unterholz. Ich gab es auf, noch rechtzeitig für einen Einkauf bis Bansko zu kommen. Mußte ja nicht sein. Ein Eichhörnchen, dann und wann ein Reh kreuzten meinen Weg. Das bleibt beruhigend. Tief unten im Tal aber knattert es immer weiter.

Schließlich gelange ich doch aus dem Wald wieder hinaus, weit oberhalb von Bansko. Vor mir breitet sich jetzt ein kahles, leicht hügeliges Gelände, wo überall Bauern auf kleinen Feldern beschäftigt sind - fast eine Idylle.

Ich beschließe, dieses Gelände zu durchqueren, grüße einen Bauern, der mir mit einem Pferd entgegen kommt und frage nach dem Weg in Richtung Bansko. Meine Bulgarischkenntnisse reichten dazu vollkommen aus. Er verstand und deutet mit der Hand - alles klar! Auf dem ganzen Gelände fließen künstlich angelegte Bäche zur Bewässerung der Felder, die von einem zentralen Graben abgingen. Mich wunderte es, wie in diesem hügeligen Gelände Wasser fließen kann. Manchmal sah es nämlich so aus, als flösse es streckenweise tatsächlich bergauf. Aber das ist natürlich Täuschung, das macht die etwas schiefe Perspektive meiner Blickwinkel. Wahrscheinlich wird das Wasser oben irgendwo von der Banderiza abgezweigt.

20 Uhr, Rast. Ich bin nicht auf dem kürzesten Weg nach Bansko weiter gewandert. Am kalt und klar schäumenden Bergfluß Banderitza habe ich noch eine ausgiebige Pause eingelegt. Der Fluß fließt hier durch ein weites, vom wiederholten Hochwasser stark ausgewaschenes Tal. Hier will ich Wäsche waschen und mich selber mit viel, viel Wasser übergießen. Von letzterem nämlich träume ich schon seit einigen Stunden. Ich bin vollkommen überhitzt. Doch ich stürze mich nicht in die Fluten, sondern wasche die gesamte Unterwäsche, die völlig durchschwitzt ist und wringe sie immer wieder über meinem Kopf aus. Das eiskalte Wasser läuft über meinen nackten Körper. Dabei ist mir zumute, als zischte es weg auf der Haut wie von einer Herdplatte - und ich merke kaum Kühlung. Doch allmählich fällt die Temperatur ab, und das Wasser löscht den Durst. Ich verweile längere Zeit bei dieser sauberen Beschäftigung. Leute sehe ich keine. Und der bulgarischen Volksarmee scheine ich tatsächlich entwischt zu sein.

Auf meiner an sich recht guten Wanderkarte vom ganzen Pirin war dieser Schießplatz nicht eingezeichnet, stattdessen, wie gesagt, eine touristische Sehenswürdigkeit. Warum konnten „sie" dort nicht eine schraffierte Fläche anbringen mit Legende am Kartenrand: „Gesperrtes Gebiet" oder etwas Ähnlichem? Ich war doch sicherlich nicht der erste Wanderer, der über ihren Übungsplatz stolperte. Also wußte „die Welt" sowie längst, was sich dort befand. Und wie es aussah, befand sich dieses Übungsgebiet auch nicht erst seit gestern dort. Hätte ich diesen Vermerk gefunden, hätte ich doch meine Route ganz anders geplant, hätte einen möglichst großen Bogen darum herum gemacht, nicht weil ich „Angst" hätte, sondern um nicht auf dieses elende, selbstgefällige, fette, satte, dümmliche Armeegehotsche zu treffen.

Mein gelbes Hemd zog ich nicht wieder an. Jetzt wollte ich nicht noch einen dritten Fehler machen und lieber mal „übervorsichtig" sein. Ich wollte noch bis Bansko runter. Dort aber hätte schon jemand aus der Kaserne angerufen gehabt haben können: „Paßt auf, wenn einer mit gelbem Hemd bei euch auftaucht, den meldet uns!" Ich zog das dunkle rotkarierte Hemd an. Ich würde dann einfach alles abstreiten und mich zur Not einfach auf meine Wanderkarte berufen. Ein Paßbild hatten sie hoffentlich von mir nicht mehr anfertigen können, so auf die Schnelle und ohne schön gewaltiges Teleobjektiv. Dann packe ich alles wieder zusammen und wandere erfrischt und munteren Sinnes weiter, wobei ich schließlich auf genau dieselbe Teerstraße stieß, auf der ich vor elf Tagen in die Berge aufgestiegen war. Als ich Bansko erreichte, wurde es soeben dunkel. Auf den Straßen spazieren wieder überall Leute. In einer Kneipe stehen Männer Schlange vor dem Tresen mit Krügen in der Hand. Vor der Rezeption im Touristenquartier muß ich zehn Minuten warten. Dann erscheint eine Frau. Von der bekomme ich ein Dreibettzimmer zugewiesen - vier Lewa und dazu noch zwei Stempel in den Personalausweis der DDR. Dieser wandelt sich langsam zu einer touristischen Rarität

Im Zug nach Jakoruda, Martin 30.06.87 Di.

Ich übernachtete wieder allein im Zimmer und hatte gut geschlafen. Wasser gab es diesmal nicht aus dem Wasserhahn. Das mußte ich draußen von einem Brunnen bei der Kirche holen. Das aber störte mich nicht im Mindesten, vielmehr beruhigte es mich: Hier setzt man noch auf alte Werte.

Anschließend gehe ich erst mal einkaufen und erkundige mich bei dieser Gelegenheit, wann der Zug nach Jakoruda abgeht. Ich möchte heute noch bis ins Rila-Gebirge kommen. Auf dem Bahnhof ist alles bestens notiert. Ich kaufe drei Brote und lasse mir ein Pfund Zucker abfüllen. Gemüse ist nicht zu bekommen, aber Puddingpulver und Apfelnektar. Auf dem Bahnhof stehen uralte englische Lokomotiven mit der Aufschrift: „Österreichische Staatsbahnen". Über der Ebene hier unten (achthundert bis neunhundert Meter Meereshöhe) flirrt eine drückende Hitze - Gewitterwetter.

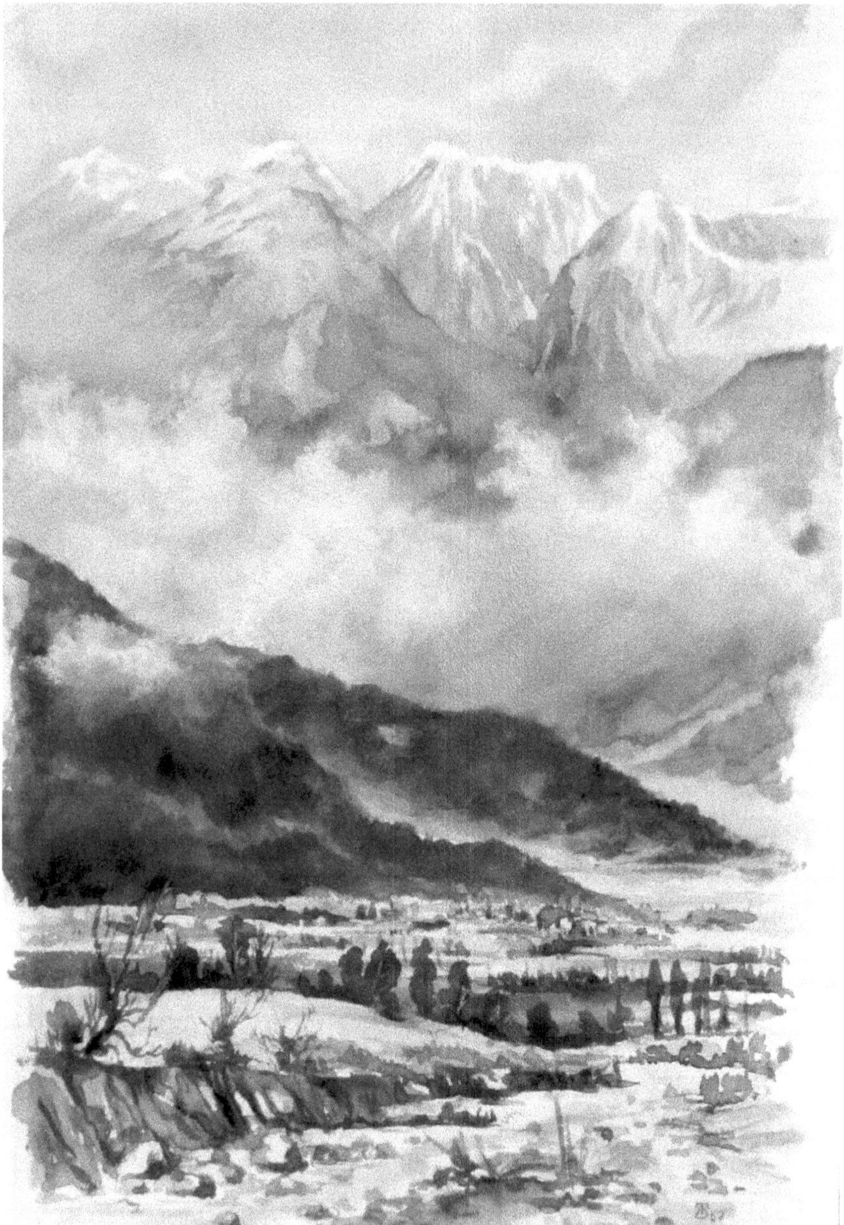

Ab Raslog beginnen wieder die Berge. In der Bahn habe ich einen Sitzplatz. Auf dem Bahnhof in Jakoruda treffe ich auf einen jungen Deutschen aus Berlin. Er will auch ins Rila. Jetzt sucht er erst einmal ein Quartier, um hier unten zu übernachten. Eine Touristenunterkunft aber gibt es nicht mehr. Wir gehen gemeinsam einkaufen.

Als wir auf dem Markt eintrafen, wurden dort soeben die letzten Tomaten für heute verkauft. Doch es soll noch welche im Gemüsegeschäft geben, so hören wir. An einem Kiosk bekomme ich Zitronensäure. Dann stelle ich mich beim Gemüse an. Es sind etliche Leute vor mir. Und es geht nur schleppend voran. Eine halbe Stunde nach Ladenschluß bin ich immer noch nicht weiter nach vorn gerückt. Schließlich gibt es ein Gespräch zwischen einem Kunden und der Verkäuferin. Ich werde außer der Reihe bedient und bedanke mich bei den Wartenden. Kirschen, Tomaten, 1 Liter Schweps (Limonade aus Zitrusfrüchten). Martin, so heißt mein Begleiter, hat unterdessen Käse und Brot eingekauft. Danach Eis essen. Auch hier werden wir außer der Reihe bedient. Danach meldet Martin Bedenken an: Eigentlich sei es nicht klug von uns, hier in diesem balkanischen Land Eis zu essen. Es könnte Folgen haben.

Wir wandern hinauf ins Rilagebirge. Zuerst geht es eine Teerstraße entlang und langsam aufwärts. Von oben sticht noch immer die Sonne - Südseite der Berge, die Hitze wird immer belastender. Links und rechts dehnen sich Felder. Das Tal ist bis weit hinauf besiedelt. Eine Quelle am Straßenrand, schön in Stein gefaßt - ist ausgetrocknet.

Trotzdem machen wir Rast am Wegesrand und nehmen ein kurzes Bad im Bach unterhalb der Straße. Ein Stück weiter stoßen wir noch einmal auf eine Quelle, aus der es immerhin ein wenig tröpfelt.

Martin versucht, Autos anzuhalten, die hinauffahren. Schließlich hält auch ein LKW und nimmt uns eine beträchtliche Strecke mit hinauf, ehe er abbiegt. Auch hier oben findet sich eine gefaßte Quelle am Straßenrand, die nun aber reichlich Wasser spendet. Die Feuchtigkeit des Landes nimmt offenbar nach oben hin zu. Und es ist auch nicht mehr so drückend heiß hier oben.

Wir wandern zu Fuß weiter und machen schließlich eine lange Rast auf einer Blumenwiese, die von einem kalten, klaren Bach durchflossen wird. Wir essen, Martin wäscht. Wir baden uns im kalten Wasser. Ich nähe meine Schuhe, die an der Seite auseinander gehen. Datschengelände ist hier oben. Schöne Häuschen haben sich einige Bulgaren in die Landschaft gesetzt.

Wir wandern weiter und kommen bald bei unserer nächsten Herberge an: Preschtschenik - große Wiese, ein Hotel, die eigentliche Herberge, Mannschaftszelte, eine Kindergruppe, Betonwege durch den Rasen, kultiviertes Naherholungsgelände. Und uns wird ein Sechs-Bett-Zimmer zugewiesen. Wir bleiben aber allein darin. Hier müssen wir im Vorraum die Schuhe ausziehen und auf Strümpfen über Teppiche laufen. Manche übertreiben es eben ein bißchen. Besser wird es davon auch nicht. Abendessen auf der Veranda. Ringsum tönt Ferienlagerlärm. Es ist kühl geworden. Und ich bin wieder oben in den Bergen - 1764 Meter.

Im Rila-Gebirge, Grantschar 01.07.87 Mi.

7:30 Uhr, aufstehen, Frühstück, Aufbruch zur Hütte Boris Chadshisotirow (Trngar) 2187 Meter. Es geht wieder bergauf - aber immer noch eine Fahrstraße entlang. Hirten auf einer Wiese. Ihre Kinder weisen uns auf Deutsch den Weg und möchten Kaugummi dafür, den wir aber nicht haben. Dann folgt ein Baugelände. Ein Gebäude ist abgebrannt, der Wald dahinter ebenfalls. Wir sind zeitig an der Hütte. Sie liegt malerisch an einem Bergsee, der am Ausfluß abgedämmt ist - wie viele Bergseen hier oben. Die Hütte besteht aus einem großen Gebäude. Daneben stehen Baracken und Bungalows. Wir werden in einem Acht-Bett-Zimmer untergebracht gemeinsam mit einer deutschen Wandergruppe, in der alle in meinem Alter sind. An einem der Bungalows gibt es am Abend Getränke zu kaufen, Konfekt, Schweppes (zum Trinken) und Tonic. Brot soll es auch geben.

Hinter dem See lebt eine Hirtenfamilie in Zelten. Das heißt „Zelte" ist zuviel gesagt. Es handelt sich vielmehr um elende Behausungen, die sie aus Holzteilen, Blechen, Kisten, Plastfolien geschickt zusammen gebastelt haben. Vielleicht handelt es sich bei ihnen um die sagenhaften „Juruken" (oder Jürüken) - ein Turkvolk, das seit Jahrhunderten oben auf den Kämmen der bulgarischen Gebirge ein Nomadenleben führt. Auf solche Behausungen treffen wir hier noch öfter. Doch es ergibt sich keine Gelegenheit zu einem Kontakt mit diesen Leuten. Und da wir nicht einmal Bulgarisch sprechen können, hätte das vielleicht auch wenig Sinn.

Das Wetter wird immer besser. Heute haben wir strahlende Sonne aus dunkelblauem Himmel. Keine Wolke schwebt in demselben, nur blau und hoch ist er. Es weht auch keinerlei Wind. Wir haben also extremes Sonnenbrandwetter.

Eigentlich wollten wir uns heute hier „ausruhen", beschließen dann aber doch noch, einen kleinen Hügel zu ersteigen, den wir schräg oben vor uns sehen. Der „kleine Hügel" entpuppt sich dann als Berg. Es ist der Obtscharez, 2768 Meter. Diese Täuschung kommt vom Wetter. Denn durch die klare Luft überall erscheint auf einmal alles ringsum wie greifbar in die Nähe gerückt.

Von hier oben ist nun auch der berühmte Musala zu sehen. Mit seinen 2925 Metern ist er nicht nur der höchste Berg Bulgariens, sondern die höchste Erhebung auf der gesamten Balkanhalbinsel einschließlich Griechenland. Auch er scheint uns greifbar nahe. Auf seiner gerundeten Kuppe können wir leicht zahlreiche Gebäude und Bauwerke erkennen. Nach Osten schließt sich ein scharf gezackter Grat an. Nur 4½ Stunden Wanderweg sollen es bis dorthin sein. Doch was will ich auf diesem Musala - nur um sagen zu können, daß ich auf dem höchsten Berg Bulgariens gestanden habe? Besonders jedenfalls sieht er nicht aus, dieser Gipfel. Anderswo in der Welt fangen die Berge erst bei 5000 Meter an - und alles darunter ist „Ebene", Tal, Niederung. Also verzichten wir auf einen Besuch des hohen Musala und wollen morgen in die Gegenrichtung aufbrechen und dann dort weiter wandern.

Weiter unten ist ein Stausee zu sehen. Er befindet sich im oberen Teil eines gewaltigen Taleinschnitts, welcher von Norden kommt und das Rila anscheinend in zwei Teile zerteilt. Nur hier im Süden wird dieses Gebirge von einer Bergkette zusammen gehalten. Und genau dort soll es morgen entlang gehen. Von hier oben hat man einen Blick über fast alle Gipfel des Rila. Und überall sind noch Schneefelder zu sehen, daneben viele kahle, sanft gerundete Bergkuppen. Überall sind Wanderer unterwegs.

Ribni Esera 02.07.87 Do.

6 Uhr, Abmarsch. Nach der ersten Steigung Frühstück oben auf dem Berg - Lopatischki Wrich, 2530 Meter. Der hohe Musala grüßt aus der Ferne zu uns herüber - als könnte man ihn mit Händen greifen. Wir haben eine sehr schöne Sicht. Eine richtige, weite Fernsicht gibt es aber immer noch keine.

Im Süden dominiert das Pirin-Gebirge als blaue Bergkette mit weißen Schneefeldern besäht. Deutlich sind Wichren und Kutelo zu erkennen. Die Ebene davor verschwindet in dunkelblauem Dunst. In der trüben Luft des Sommers sind links massig die Rhodopen zu erkennen. Ihre höchsten Erhebungen bilden von hier aus gesehen eine kurze Bergkette, die sich deutlich aus ihrer Umgebung heraus hebt.

Wir wandern weiter über die sanften Hügelwellen des Kammweges. Ab und zu geht es auch durch flach liegende Schneefelder. Philosophische Gespräche mit Martin. Bei ihm handelt es sich um einen sympathischen jungen Mann, ca. 25 Jahre alt, Maschinenbauer, Wehrdienstverweigerer (Spatentruppe), der sich seit Jahren vergebens um einen Studienplatz bemüht. Im kommenden September will er es erneut versuchen. In Berlin baut er sich zurzeit eine Wohnung aus. Daneben beschäftigt er sich mit Stadtbegrünung und habe schon den halben Balkan durchwandert - ein „Aussteiger" also. Er ist so umweltbewußt, daß er sich nicht in den Bergbächen wäscht, weil ja weiter unten jemand daraus trinken könnte.

Unten aus den Tälern leuchten ferne Seen zu uns herauf. Und hier oben finden sich überall merkwürdige Blumen. Es könnte sich um eine Art Kuhschelle handeln. Auf einem Schneefeld genehmige ich mir ein Bad - im Schnee und mit Schnee. Es ist warm genug dazu. Und es macht wenig Umstände.

Danach aber folgt überraschend ein recht schwieriger Abstieg durch wild zerklüftetes, felsiges Gelände, vorbei am Berg Kanarata, 2678 Meter. Rechts unten in einem riesigen, kahlen Talkessel ist unser Ziel zu erkennen: Rybni Esera. Hier lassen wir uns von der älteren deutschen Touristengruppe überholen, die es anscheinend eilig hat. Wir haben es nicht eilig. Wir müssen uns keinen fremden Vorstellungen anpassen - und dann immer mithalten.

Die Hütte, auf die wir bald treffen, hat etliche Nebengebäude - vermutlich Touristenküchen. Der Ofen drinnen qualmt fürchterlich. Das kommt vielleicht vom heißen Wetter draußen, wodurch die Sonne auf die Esse drückt.

Am Abend bade ich im Bach. Doch auf dem Rückweg erkenne ich mit Entsetzen, daß dieser Bach 50 Meter weiter oberhalb auch als

Müllablage dient. Ein riesiger Haufen alter Flaschen und Gläser türmt sich dort. Vielleicht leiten sie auch die Hüttenfäkalien in dieses Wasser? Nun ja, in den Bergen muß man sich abhärten.

Ein Bulgare hackt Holz vor der Hütte. Kinder spielen auf Pferde- oder Maultiersätteln - Massenquartier und voll, Acht-Mann-Zimmer, zwei Lewa. In der Umgebung weiden die Pferde.

Hütte Straschnoto Esero 03.07.87 Fr.

Abmarsch in Richtung Kobilino Branischte, Straschnoto Esero, Maljowitza (Hütte). Wir wollen sehen, wie weit wir tatsächlich kommen. Strahlendes Sommerwetter, 8:30 Uhr, Morgenwäsche am Wasserfall. Dann geht es hinab in ein Trogtal, wo ein anmutiger, kiesiger Wiesenbach entlang murmelt (Marinkowitza). In der Nähe weiden Schafherden. Wir ziehen die Schuhe aus und waten durch das Flüßchen. Dann Aufstieg auf einen Kamm und weiter auf dem Kammweg über den Wodnija Tschal, 2683 Meter, Blick auf viele Seen, Wasserkraftanlage am Siradliwo Esero. Dieser See liegt gegenüber auf dem anderen Berghang im Süden. Ein Sturzbach führt von ihm hinunter in den Fluß Rilska reka. Große Schneewehen hängen oben an den Gipfelgraten, darunter feuchtes, rutschiges Gras.

15 Uhr, Abstieg zur ersten Schutzhütte Kobolino Branischte. Sie liegt auf der höchsten Erhebung zwischen dem Rila-Tal mit dem Rila-Kloster im Westen und dem Tal des Lewi-Iskar im Norden. Die Schutzhütte ist noch leer und hat vielleicht zwanzig Betten. Sie macht einen ungünstigen Eindruck auf uns, weil sie extra eingezäunt ist und mitten in einem Weidegelände steht. Daneben befinden sich auch gleich wieder diese Jurukenzelte. Hunde patrouillieren durch das Gelände - Schafherden, sumpfige Wiesen. Wir essen etwas in der Hütte und wandern dann weiter.

Unterdessen haben sich draußen Hirtenhunde angesammelt. Leute sind keine zu sehen. Martin nimmt einen Knüppel in die Hand. Als uns einer der Hunde laut kläffend zu nahe kommt, greife ich nach einem Stein. Allein diese Geste des Steinaufhebens nötigt ihm Respekt ab vor mir. Sogleich begibt er sich wieder auf Distanz. Man muß diesen Tieren offenbar nur energisch und bestimmt gegenübertreten, um sie sich vom Leibe zu halten. Die Hirten machen es vermutlich ebenso, und (nur!) von daher sind sie das gewohnt. Doch mit den Hunden ist es überall anders. Bei diesen Tieren ist es nicht ratsam, sich auf irgendwelche Erfahrungen zu verlassen.

Die Hirten hätten ein recht merkwürdiges Verhältnis zu ihren Hunden, meint Martin. Ich könnte mir denken, daß sich das aus einer gewissen Gegenseitigkeit erklärt: Die Hunde sind nicht so zahm, wie der Wanderer meint, sondern sie erstreiten sich ihr Leben an der Seite dieser Hirten immer auch selbst.

Wir steigen wieder auf. Dazu geht es sanft an einem riesigen Berghang entlang. Weil wir uns oberhalb der Baumgrenze befinden, ist die Landschaft gut zu überblicken - solange das Wetter gut ist. Heute ist das Wetter gut. Es ist sogar ziemlich warm.

Vor dem Gipfelgrat erreichen wir noch eine Gruppe kleinerer Seen: Poposokanski Esera. In manchen von diesen Tümpeln hat die Sonne das Wasser ziemlich angewärmt. Frösche laichen darin. Doch gleich daneben liegt wieder Schnee, bei dem aber auch schon die Krokusse blühen.

Überquerung des Kammes, und wir kommen nun in ein schroffes Gelände. Der Weg gabelt sich. Wir müssen noch weiter hinauf und gelangen auf ein flaches, schräg geneigtes Blockfeld. Stangen markieren hier den Weg zum Gipfel Popowa kapa. Wir halten uns rechts am Hang, denn dort ist die nächste Hütte zu erwarten.

Ein steiles Schneefeld muß gequert werden. Seile zum Festhalten sind angebracht. An einigen Stellen endet dieses Schneefeld unten ins Leere - wie die Flanke eines steil abfallenden Daches - darunter wartet gähnend und gruselig der Abgrund.

Die Hütte Straschnoto Esero macht ihrem Namen alle Ehre. Sie taucht ganz unvermittelt vor unseren Augen auf, als wir um eine Felsnase biegen (der Anhang -to im Bulgarischen bezeichnet übrigens den Artikel: straschno = schrecklich, straschnoto esero = „der" schreckliche See oder vielleicht auch „der See des Schreckens"). Diese Unterkunft liegt am Ufer eines zugefrorenen Sees, genauer: an dessen Abfluß hinab zu einem kleineren See. Am anderen Ufer des oberen Sees erheben sich gigantische, schroffe Felswände, dazwischen hängen steile Schneefelder - eine malerische Landschaft, richtig wildes Gebirge. Und alles liegt auf einer Nordseite - kalt und eisig auch im Hochsommer.

In der Hütte treffen vier Bulgaren ein. Einer von ihnen, ein Zigeunertyp, hat eine Gitarre mit. Er hackt Holz wie ein Wilder, und bald bullert im Ofen ein Feuer. Tee wird gekocht. Einer der Bulgaren reicht Selbstgebrannten herum.

An der Tür der Hütte hängt ein mehrsprachiges Schild, auf dem zu lesen ist, daß Übernachtungen hier nur in Notfällen gestattet sind und dann 1,70 Lewa kosten. Auch Feuer dürfe nur in Notfällen angezündet werden. Ein Hüttenwart ist nicht da. Die Bulgaren haben alles mit für ein vollständiges Picknick. Zwei von ihnen sind Alpinisten. Sie sprechen etwas Englisch.

Mit einbrechender Dunkelheit verschlechtert sich das Wetter, Nebel wallt um die Hütte. Die Tür steht offen, weil es drinnen sehr warm geworden ist. Draußen Wetterleuchten, Donnergrollen, Regen. Gegen Mitternacht erscheint ein einsamer Wanderer mit blau gefrorenem Gesicht und weiß bereiftem Bart. Einigen von uns gibt er die Hand. Diese ist eiskalt. Dann verabschiedet er sich wieder und verschwindet wortlos draußen im Nebel.

Ein greller Blitz zerschneidet das Dunkel. Die Kerzen flackern auf und verlöschen. Die Bulgaren murmeln leise und stecken die Köpfe zusammen. Es ist warm in der Hütte - zu warm. Ich wälze mich noch lange im Halbschlaf herum.

Wer war der eisige Wanderer zur Mitternacht?

Hütte Maljowiza   04.07.87 Sa.

8 Uhr, lautes Geschrei vor der Tür. Die „Felsraben" betätigen sich als Wecker. Alle fahren erschrocken hoch aus ihren Decken und sind sofort munter. Es gibt ein karges Frühstück. Danach verabschieden wir uns von den Bulgaren. Vor der Hütte draußen trenne ich

mich auch von meinem Wandergefährten Martin. Er wandert den Weg wieder hinauf, den wir gestern herunter gekommen sind, denn er will über die Popowa kapa direkt zum Rila-Kloster, von dort nach Sofia und dann noch für ein paar Tage nach Budapest. Übernachten will er aber in Blagojewgrad. Dort gäbe es eine Touristenunterkunft. Ich wende mich in die Gegenrichtung und steige ab in Richtung Maljowitza.

Der Himmel ist von Wolken überzogen. Und mich plagt ein Durchfall - mußte ja mal kommen. Erst einmal zweige ich vom Weg ab und wasche meine Wäsche in einem Bach. Dann, an einer Stelle, die mir einladend erscheint, möchte ich etwas ausruhen, vielleicht sogar endlich mal etwas skizzieren. Das Gelände hier erscheint dazu recht reizvoll.

Die Seen tragen keine Namen auf meiner Karte. Die Sonne kommt auch wieder hervor. Der Tag läßt sich noch ganz gut an. Ich stelle fest, daß ich an einen Picknickplatz geraten bin - Feuerstellen, leere Flaschen - ansonsten aber eine Idylle.

Kaum liege ich eine halbe Stunde lang in der wärmenden Sonne, da steigen Nebel aus dem Tal herauf. Alles zieht zu, wird grau, kalt und unsichtbar - weg ist die Landschaft. Nur noch eine weiße Milchsuppe wabert um mich herum.

Unter einem Krüppelkiefernbusch finde ich Tüten mit:

„Energix": Solubel strawberry favoured,
Pharmachim, Bulgaria, Biostimulator, 14g,
Contents one package:

Royal jelly	0.025g	Mannitol	0,340g
Creatine	0.050g	Glucose	5,160g
Phitin	0.025g	Sodium bicarbonate (partially corbonized)	0,810g
Calcium		Strawbery flavour Pantotenate	0.008g
Citric acid	1,310g		

Usage: Dissolve the content of a bag in 100ml of Water and drink the whole quantity.

Was so ein Tütchen kostet, das stand indessen nicht auf der Packung. Das konnte ich auch später in Sofia nicht erfahren. In dieser Pulverform gab es dieses interessante Zeug dort nicht.

Dann begebe ich mich wieder zurück auf den markierten Weg. Auf diesem geht es dann immer weiter abwärts und tief hinunter. Der Nebel bleibt über mir zurück, wird Wolke. Dafür beginnt es nun langsam zur regnen.

Unten stoße ich auf den Weg, der vom „Komplex Maljowitza" zur „Hütte Maljowitza" führt. Doch der Bergbach versperrt mir den Weg. Eine Brücke ist weit und breit nicht zu erblicken. So ziehe ich Schuhe und Strümpfe aus und wate mit der Kraxe auf dem Rücken vorsichtig durch das eisige Wasser. Bereits in der Mitte der Strömung schmerzen mir die Beine derart stark, daß ich glaube, ich halte es nicht mehr aus. Die Hütte erreiche ich noch knapp vor einem kräftigen Regenguß.

Hier ist es sehr komfortabel: Rezeption, Speiseraum, darüber die Schlafräume.

14 Uhr, für zwei Lewa habe ich drei gebratene Makrelen gegessen mit einer Tomate, etwas Gurkensalat und einer Reissuppe mit Weißbrot. Zehn Stotinki kostet eine Tasse eines undefinierbaren Tees. Draußen regnet es und regnet, während ich in einer Ecke des Speiseraumes hocke, vor mich hin döse und die Leute beobachte. Es ist wieder mal Wochenende. Und es haben sich einige Massen hier eingefunden. Der Zigeunertyp von der Berghütte oben treibt sich auch hier herum. Letztlich bleibt alles öde hier. Es ist keine „Hütte", aber auch kein Hotel. Und es ist auch kein Wanderwetter.

Ich bleibe weiter in der Stolowoja sitzen. Dann bekomme ich meine Unterkunft für die Nacht zugewiesen, Zimmer Nr. 104, drei Doppelstockbetten darin. Am Abend ist dann alles voll belegt - alles Deutsche, die von der Hütte „Iwan Wasow" kamen. 3,20 Lewa kostet die Übernachtung. Auch viele Bulgaren sind angekommen. Die Kinder spielen auf den Gängen und verfolgen sich bis in die Toiletten. Vor der Hütte wird Altöl verbrannt. Dunkle Rauchwolken ziehen himmelwärts.

In Richtung Westen wird unmittelbar vor der Hütte ab und zu eine steile schroffe Bergwand sichtbar und verschwindet dann wieder im Dunst.

Gegen Abend hört der Regen auf. Vor meinem Fenster spielen junge Bulgaren das „Ssss-Spiel": Erst höre ich die Kinder summen „Ssss ...", dann auf einmal lachen sie laut auf, dann alles wieder von vorn - stundenlang. Später jagen sie mit Geschrei ums Haus. Erst gegen Mitternacht hört dieses Spektakel auf - aber nur, um jetzt von Herrengesprächen abgelöst zu werden. Die Bulgaren sind offenbar Nachtmenschen. Ich schreibe das auf, weil es so war - öde. Genau und unter diesem Aspekt besehen, ist das Gebirge nämlich tatsächlich eine bloße Felswüste, die nur noch gelegentlich auch so ihre mehr romantischen Eigenheiten hat. Wird diese obendrein kleine und begrenzte Steineinsamkeit auch noch von Touristen überlaufen, verwandelt sie sich schnell in einen einigermaßen trostlosen Untergrund für stumpfsinnige Banalität, Trivialitäten, Krawall, leere Blechbüchsen, zerbrochene Flaschen, Kackhaufen, Kälte, Ungemütlichkeit - dazwischen ab und an ein paar winzige Blümlein, die noch nicht ganz breit getreten sind, die dann Enzian oder Edelweiß heißen mögen.

Trotzdem schlafe ich noch ganz gut in dieser Nacht und träume angenehm. Mir träumte, ich sei nach dem Westen ausgereist.

Wieder Hütte Straschnoto Esero 05.07.87 So.

7 Uhr, früh noch klarer Himmel. Ich breche auf und steige wieder nach oben. Und schon kommen hinter mir die Wolken im Tal heraufgezogen und holen mich bald ein.

7:30 Uhr, der Himmel bezieht sich mit Schichtgewölk.

9 Uhr, ich befinde mich auf einem Absatz inmitten schroffer Felswildnis - rote Wegeabzweigung nach links. Um mich herum wabern düster die Nebel. Die Hütte Bak (?) soll abgebrannt sein, wie ich unten erfahren hatte.

10:30 Uhr, ich habe diese einstige Schutzhütte erreicht. Schon etwas zuvor fand ich Blechteile im Gestein. Auf einem geschichteten Felsfundament steht ein angekohltes Stahlgerippe, daneben ein Zelt - drei Tschechen. Zwei Damen und ein Herr sitzen hier grade beim Frühstück. Das eine der Mädchen schreibt etwas in ein Heft.

Ich mache ebenfalls Rast. Und die Tschechen brechen auf. Binnen nur fünf Minuten haben sie alles verpackt - und schon sind sie im Nebel verschwunden. Zelten ist zwar verboten in Bulgarien, aber die Tschechen halten sich nicht daran. Mir scheint, sie machen es genau richtig.

10:30 Uhr, ich bin an einem Paß angekommen. Die Sicht hat sich gebessert. Zur Rechten befindet sich ein schroffes Felsmassiv, Spuren führen durch steile Schneefelder, die mir fast unbegehbar erscheinen, links ein etwas sanfterer Grat nach oben. Direkt vor mir geht es nur noch extrem steil nach unten hinab ins große Rilatal. Ich weiß nicht, ob man hier absteigen könnte. Und ich mag auch noch nicht hinunter.

Ganz tief unten ist eine Wiese zu sehen: Partisanska poljana. Bis dort hinunter müßten es von hier aus mindestens tausend Höhenmeter sein. Mit dem Fernrohr zähle ich dort tief unten dreißig Personen und sechs Reisebusse. Auf der Wiese stehen zwei lange Tafeln. Viele Leute wimmeln dazwischen herum. Es ist Sonntag. Bulgarien scheint unterwegs zu sein.

Am anderen Hang weit gegenüber: Wolken. Hinter mir steigen Nebel aus dem anderen Tal auf. Bergraben ziehen kreischend ihre Schleifen. An den Felsen sind hier und da Gedenktafeln angebracht, teilweise mit Bildern von den betreffenden Personen, die hier in der Nähe vielleicht abgestürzt sind und dabei umkamen. So fand ich auch in den Städten unten im Tal überall an den Türen Plakate angeklebt mit Widmungen an Leute, die dort einst lebten.

Dann steige ich auf dem Grat nach links weiter hinauf. An den frischen Schuhabdrücken erkenne ich, daß auch die Tschechen hier entlang gewandert sein müssen.

11 Uhr, auf dem Gratweg, Goljam kupen, 2731 Meter. Ab und an tut sich noch ein Blick nach unten auf ins Rilatal. Die andere, die

interessantere nördliche Talseite mit einem möglichen Blick bis hin zum Witoscha-Gebirge ist vollkommen zugezogen. Nicht einmal die Berghütte Straschnoto Esero war von oben aus im Nebel zu erkennen.

Ich wandere auf dem Grat und teilweise am südlichen Hang entlang immer weiter. Aber ich bin etwas unentschlossen und spekuliere eigentlich auf besseres Wetter. Doch es wird eher schlechter - von Stunde zu Stunde. Vor mir im Osten ist die sanfte Kuppe der Popowa kapa zu sehen. 12:30 Uhr habe ich einen Bergsattel durchschritten. Die Nordostseite bildet eine bizarre Fels- und Schneelandschaft. Im selben Moment, da ich davon eine Skizze zu machen beginne, hüllt sie sich in Nebel und verschwindet.

Zwei Deutsche ohne Gepäck begegnen mir. Sie befinden sich auf einer Rundwanderung von der Maljowitza aus. Dann gerate ich auf ein riesiges Block- und Schneefeld und habe einige Mühe, mich dort zu orientieren. Im Nebel erscheint ab und zu eine Markierungsstange. Lange wandere ich hin und her und auf und ab, um den Pfad zu finden, der hinunter zu der Berghütte Straschnoto Esero führt. Schließlich finde ich ihn und steige wieder über das steile Schneefeld mit dem Seil. Heute kommt mir das Schneefeld klein vor.

15:30 Uhr bin ich bei der Hütte angekommen. Zwei Deutsche verschwinden soeben. Der Hüttenwart ist da. Die Verständigung mit ihm wird schwierig. Ich muß es tatsächlich in Bulgarisch versuchen. Davon bekommt er einen Lachanfall.

Draußen regnet es unterdessen. Ich frage, ob ich mir einen Tee warm machen kann. Ich darf. Der Hüttenwart ist ein junger Mann. Er geht vor die Tür und beginnt auf einer Flöte zu spielen. Ich klimpere derweil etwas auf seiner Gitarre. Meist liest er in einem Buch. In der Hütte finde ich Milchpulver und Haferflocken und koche mir daraus einen Brei.

Der Hüttenwart erlaubt mir, über Nacht zu bleiben. Ich hoffe noch immer auf besseres Wetter. Doch es regnet sich ein - Regen und Nebel.

Rilski Manastir, Sofia, Hotel Edelweiß   06.07.87 Mo.

Der Hüttenwart schläft. Ich packe leise meine Sachen und marschiere ab. Er kümmerte sich weder um Ausweis noch um Bezahlung. Wer weiß, wie er zu diesem „Job" gekommen ist. Das Wetter ist saumäßig - Nebel und Regen – doch eben auch „Bergwetter", mit dem man sich einrichten sollte.

Ich steige wieder aufwärts, und bewege mich dabei nun schon zum dritten Mal über das abschüssige Schneefeld mit dem Seil, taste mich oben vorbei an den Stangen, suche das Zeichen für meinen Weg zurück bis zu den Poposokapski Esera. Das ist mühselig, und mir erscheint mein Dasein hier oben unterdessen ein wenig trostlos - nichts ist zu sehen, immer ist es kalt, sobald man einen Moment anhält. Und diese gewisse Hoffnungslosigkeit eines keineswegs gastlichen Terrains macht es nicht besser. Ich sehe ja nicht einmal, ob ich hier wirklich allein bin oder ob gleich eine Horde wilder Wanderer aus dem Dunst heraus angestürmt kommt.

Das wird also kein schöner Abschied, den mir die bulgarischen Gipfel und Zinnen ringsum bereiten. Heute geht es nämlich endgültig hinunter, hinab von den Bergen ins Rilatal.

8:30 Uhr, Frühstück am See. Dazu drücke ich mich tief unter einen Felsüberhang - vor mir das blanke, klare Wasser, darüber weiße Nebel - Nieselregen. Hier will ich nun den alten Weg, der von der Hütte Kaboline branischte herführt, endgültig verlassen und direkt ins Tal hinab steigen. Einen richtigen Pfad finde ich dazu vorerst nicht. Es ist hier alles Hirtengelände - Wanderung entlang eines rauschenden Bergbaches durch nasses, glattes Gras. Bloßes Gras kann gefährlich rutschig sein im Gebirge!

Wieder bleiben die Nebel als Wolken über mir zurück. Vor mir tut sich ein weiter Blick auf ins Tal hinunter. Hier und da erkenne ich Steinmännlein und folge ihnen. Schließlich geht es zwischen zwei gewaltigen Felswänden eine steile, grasige Schlucht hinab. Hier gibt es nun auch einen ausgetretenen Pfad in Serpentinen. Meine Schuhe sind vom nassen Gras vollkommen durchweicht. Schließlich erreiche ich die Baumgrenze.

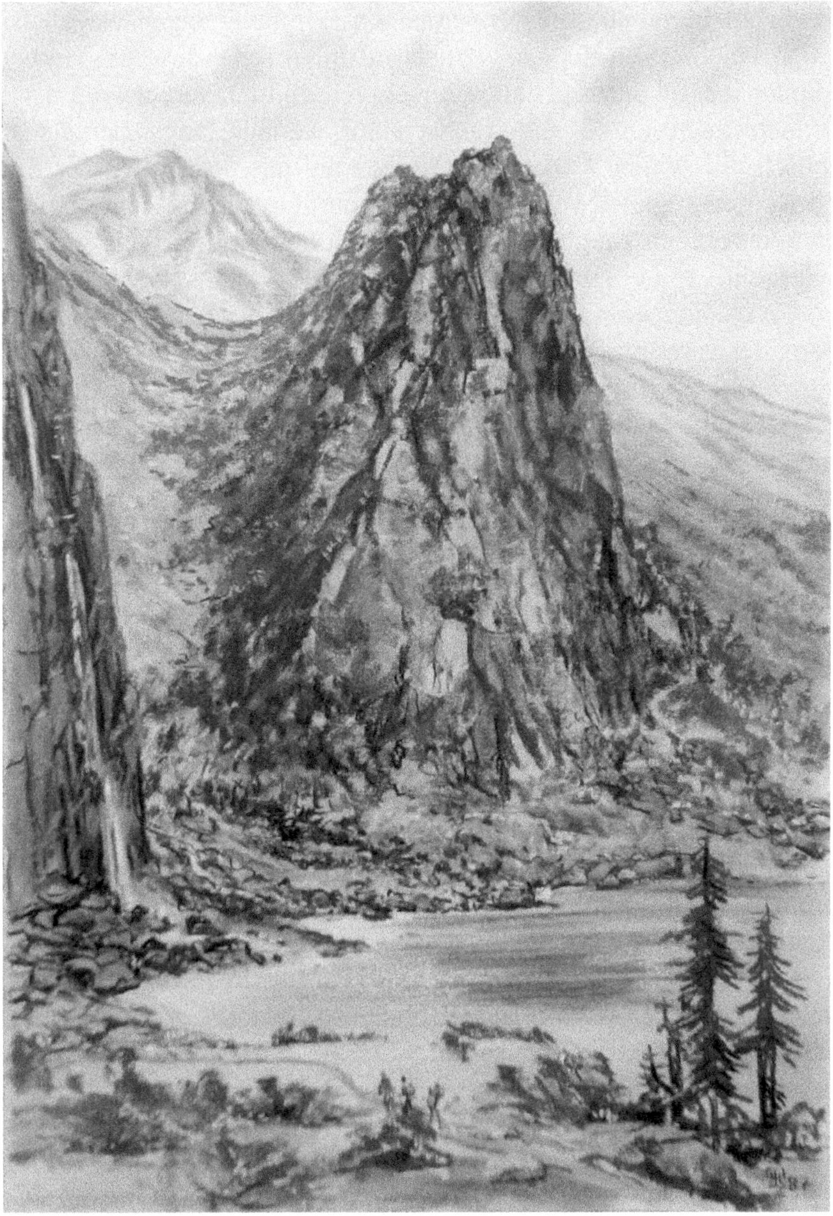

Rechts an einer Felswand kommt von hoch oben ein dünner Wasserfall herunter. Aus dem grasigen Berghang ragen wagehalsig riesige Felsbrocken heraus - so, als möchten sie sich jeden Moment hinunter ins Tal stürzen - alles zerschmetternd auf ihrem Weg. Denn die Gebirge wachsen. Sie wachsen nur weitaus langsamer als der Mensch mit seinen Werken. Sie steigen auf aus den Tiefen der Erde und werden zugleich vom Wetter oben darüber zersetzt und vom Regen und von den Bergbächen zernagt - Gott sieht die Berge wachsen - wir nicht.

Unten angekommen treffe ich auf einen großen See, Suchoto Esero, der vermutlich einst durch einen Bergsturz abgedämmt wurde.

Hier gibt es auch wieder einen Wanderweg, grün markiert. Und grün ist auch der Wald, durch den ich jetzt wandere.

Zuerst geht es eine lange Strecke an der rechten Talwand entlang - ab und zu Schneisen im Wald, die aussehen, als wären sie einst von abstürzenden Felsmassen geschlagen worden. Darüber steigt die Landschaft steil zu den Gipfeln auf, wo ich gestern gewesen bin.

11 Uhr, Partisanskoje Poljana (Partisanen-Wiese). Hier trinke ich „Tonic water" und esse eine Schokoladencremewaffel. Danach geht es nur noch auf einer Teerstraße weiter, deren Serpentinen der Wanderweg aber um einiges abkürzt. Etliche Leute begegnen mir - Autofahrer, Wanderer, die hinauf wollen. Viele Deutsche sind darunter. Die Straße streckt sich. Mein nächstes Ziel, das Rilakloster, hatte ich heute schon einmal von oben gesehen. Doch jetzt will es ewig nicht kommen, immer wieder nur Schilder, Zäune, Pionierlager, Gebäude, Trinkbrunnen, links und rechts bewaldete Berghänge.

13 Uhr, Rilski Manastir - ein paar Häuschen wie ein alter Marktplatz und daneben das gewaltige, umbaute Geviert des Klosters. Viele Touristen halten sich hier auf, die wie unbeteiligt herumsitzen, umher wandern, gucken, schwatzen, dazu einige Budiken, ein, zwei, drei Gaststätten. Etliche Mönche laufen in schwarzen oder braunen Kutten hin und her. Hier treffe ich ein paar Bekannte vom Ribno Esero. Einige dieser Wanderer sind stark von der Sonne verbrannt - geschwürig verschorfte Lippen - und haben sich dick eingecremt.

Jetzt weiß ich nicht, was ich weiter unternehmen soll. Morgen Abend geht mein Zug von Sofia ab. Den sollte ich auf jeden Fall rechtzeitig erreichen - wegen des Liegewagenplatzes. Aber ich könnte auch noch bleiben, könnte sogar noch an das Meer fahren. Mein Geld müßte noch ausreichen dafür.

Die Sonne brennt von oben. Und es ist warm hier unten. Doch die Gipfel weit oben stecken noch immer in Wolken. Dort herrscht immer noch das kalte Nebelreich - unwirklich und fremdartig unterdessen.

Und das Meer?

Ich bin noch nie „am Schwarzen Meer" gewesen, auch später nicht. Im Geiste sehe ich dort immer nur einen schmuddeligen, überfüllten Strand. Eventuelle Oasen der Stille sind vermüllt und vollgelärmt - hektische Betriebsamkeit geschäftiger Bulgaren, teure, aber öde Unterkünfte - falls überhaupt. Und das Meer?

Irgendwo rauscht das tatsächlich in meiner Phantasie, erzählt von wilden Thrakern und kühnen Argonauten, von Muscheln in seiner Tiefe, von lauschigen Felslagunen. Doch öffne ich dann wieder die Augen, so ist alles nur ölverschmiert, verschmutzt, von Touristen, Eisverkäufern und von Ordnungskräften umlagert - brütende Sonne über allem und im abgestandenen Wasser keine Abkühlung. Da muß man dann schon stinkend reich oder ein fetter, blöder Bonze sein, um sich in so was wohl zu fühlen.

Jetzt betrachte ich mir erst einmal das Rilakloster. Es macht auf mich einen bunten, belebenden Eindruck. Der weite Innenhof ist mit Holzbalustraden ausgestattet, Wandelgänge ziehen sich in drei Stockwerken ringsherum - eine volkstümliche Architektur aus Stein und Holz, darüber die grünen Berge. Dominierende Farben sind Weiß, Rot und Schwarz. In der Mitte ragt eine prachtvoll ausgestattete griechisch-orthodoxe Kirche hervor. In den Wandelgängen vor dem Eingang lassen sich reiche Ikonenmalereien bewundern - wie gestern erst gemalt. Im Museum Miniaturschnitzereien - die vielen Werke vieler geduldiger Künstler, die hauptsächlich von dieser unendlichen Geduld im Schaffen überflüssiger, aber schöner Kleinodien zeugen. Efeu an den Wänden, überall sprudelt frisches Wasser aus in Stein gefaßten Brunnen.

Beim Versuch, das Kloster zu umwandern, stoße ich auf der einen Seite auf einen alten, stillen Friedhof am Rilafluß. Auf der anderen Seite vom Busbahnhof aus endet mein Weg gleich bei einer verfallenen Touristentoilette. Der Himmel ist jetzt ganz wolkenlos. Doch ein Rest von Wolken wabert noch immer zähe um die Berggipfel, von denen ich heute früh herabgekommen bin.

17:40 Uhr geht mein Bus direkt nach Sofia. Ich will versuchen, dort zu übernachten, vielleicht in einem Hotel. Die Touristenunterkunft soll es nicht mehr geben.

Und nun Einsteigen und Abfahrt - und los geht es. Vom Bus aus bewundere ich die Landschaft. Bei der Stadt Rila öffnet sich das Tal in einem steilen, schroffen Felsgewirr, welches entfernt an das Elbsandsteingebirge erinnert.

Ab jetzt gibt es hier überall nur noch erschlossene Landschaft, großartige Hotelanlagen, verfallende Hütten, alte Häuser, frische

Ruinen, Neubaublöcke, Zäune, streunende Hunde, Kinder, alte Leute, Abfallhaufen, trockenes Gelände, anmutige Weinlauben vor allen Häusern.

In Stanke Dimitrow überlege ich noch, ob ich für die Nacht nicht lieber hier bleibe. Doch diese Stadt macht einen abweisenden Eindruck auf mich, obgleich hier nun fast alle Touristen aus dem Bus aussteigen. Ich fahre weiter - vorbei am Witoscha-Gebirge. Auch an seinen Gipfeln kleben noch zähe die Wolken - die Berge haben ihr eigenes Wetter. Dort oben verpasse ich heute nichts mehr. Damit ist das alles nun wieder einmal an seinem Ende angelangt. Der unablässigen Folge der Tage entrinnt niemand.

23 Uhr, Sofia. Wenn man so wie ich mit der Kraxe auf dem Rücken direkt aus den Bergen abends in Bulgariens Hauptstadt ankommt, könnte man glatt denken, man befindet sich auf einen Schlag

dort, wo man eigentlich nie wieder hin wollte. Und fast schon fühle ich mich wie bei uns daheim in Leipzig.

Ich komme also an mit dem Bus und wandere durch die Stadt auf der Suche nach einer Übernachtungsmöglichkeit - und an einem Straßencafé begegne ich bereits zum dritten Mal diesem Zigeunertyp vom Straschnoto Esero. Trubel herrscht in der Stadt. In den Vorhallen der Hotels lungern dubiose Typen herum. Da frage ich mich, was die eigentlich alle so treiben - nichts vermutlich, sondern herum lungern, irgendwo Geld einnehmen, irgendwo anders Geld wieder ausgeben, dazwischen dinieren und verdauen und glotzen und labern - doch alles stets sehr wichtig, alles sehr teuer - damit es „Wert" bekommt. Vielleicht leben sie vom Geld, was solche teuer bezahlten Bruchbuden täglich für die Notdurft einnehmen?
Auf dem Bahnhof hatte ich spät abends immerhin noch zwei Becher saure Milch bekommen, die ich am Abend dann zusammen mit viel Kakao gegessen habe. Mein Magen ist immer noch verkorkst. Und weiter klappere ich Herberge um Herberge ab. Einmal stehe ich dabei mit meiner Kraxe fast schon drin in einer Luxusbar mit herausgeputzten, klebrigen Herren Direktoren und ihren Montagssekretärinnen in gehobener Stimmung beim Tete á Tete. Sie glotzen mich an, als sähen sie irgendwie eine Erscheinung erscheinen. Mich schüttelt es, und ich wende mich angeekelt ab. Endlich - im siebenten Hotel - finde ich ein Zimmer. Doch man fragt mich gleich, ob ich denn auch den Preis dafür bezahlten könne. Es kostet doch tatsächlich 15 Lewa, also rund 45 Mark der DDR. Sehe ich aus wie ein Landstreicher? Freilich bin ich nicht einverstanden damit, er erscheint mir einfach lächerlich dieser Preis.

Unterdessen ist es dunkel geworden. Doch immer noch ist es warm. So hatte ich mir schon vorgenommen, kurzerhand irgendwo in einem Park unter einem Strauch zu übernachten. Das ginge durchaus, wenn man sich rechtzeitig danach umschaut und dann im Dunklen vorsichtig zu einer geeigneten Stelle schleicht. Aber ich meine, warum sollte ich nicht auch mal in einem Hotel übernachten, wenn das Geld dazu noch reicht? Sich einmal im Leben einen „derartigen Luxus gönnen". Das sollte doch möglich sein? So nehme ich das Zimmer im Hotel mit dem schönen Namen: „Edelwajs" dann doch.

Auf dem Tisch im Zimmer steht noch der volle Aschenbecher. Es riecht alles nach Qualm. Das Bett ist nicht gemacht, sieht aus, wie soeben verlassen - vielleicht ein Stundenhotel? Unten auf dem Teppich kann man deutlich die Stelle ausmachen, wo sich die Leute regelmäßig erbrechen, wenn sie sich nachts betrunken aus dem Bett beugen. Einer muß auch gleich hinter das Bett gekotzt haben, denn dort an der Wand sind die Spuren ebenfalls noch zu sehen.

Dieses Bett räume ich nun mit zwei Fingern ab, werfe alles in eine Zimmerecke und breite auf einer Decke, die ich oben auf dem Schrank gefunden hatte, meinen Schlafsack aus.

Der einzige wirkliche Luxus ist ein Waschbecken im Zimmer, wo ich mir kühles und dezent gechlortes Wasser abzapfen kann. Das stinkige Chlor darin lädt nicht unbedingt zum Trinken ein, doch es beruhigt mich - wenigstens chloren können sie hier.

Aufhalten darf ich mich hier bis morgen Mittag 12 Uhr. Und so will ich erst mal gründlich ausschlafen. Das jedoch erweist sich als nicht so einfach, wie es sich anhört. Draußen auf den Gängen laufen ständig Leute herum, reden, rufen - Türen klappen, Schritte wandern, Männer klopfen an Türen, Frauen antworten von drinnen. Ohropax aber erscheint mir hier nicht angebracht. Doch langsam dusele ich ein in der großen Stadt Sofia - der Mann mit der Kraxe, dieser blöde Tourist, der es gewagt hat, in einem Hotel zu übernachten.

Sofia, Abreise aus Bulgarien   **07.07.87 Di.**

7:30 Uhr. Bei mir im Schloß schließt es. Die Tür geht auf - ich schlafe - und die Tür geht wieder zu. Ich lasse mich nicht stören.

9 Uhr, aufstehen, Frühstück. Auf der Toilette - außerhalb des Zimmers - befindet sich kein Papier. Ich weiß gar nicht, wie ich mir dort dann hinten herum behelfen soll. Hier gibt es auch nicht die obligaten Löcher im Boden, sondern richtige Toilettenbecken zum Draufsetzen - doch alles andere als einladend, eher ekelhaft. Im Bad

findet sich nur ein Duschkopf und nur kaltes Wasser - Gemeinschaftsbad. Doch glücklicherweise scheint das außer mir niemand sonst zu benutzen. Aus einem der Zimmer huscht verlegen ein hübsches Mädchen und verschwindet schnell in einem anderen Zimmer. Mit gewaltigem Radau kaspert das Personal durch die Gänge und tut so, als würde es arbeiten.

In derartigen „billigen" Absteigen sind selbstredend immer nur die Gäste die Schweine, niemals das Personal und gleich gar nicht der Chef. So ist es überall auf der Welt. Ich kenne es zur Genüge aus meinem Arbeitsleben. Ich werde mich also bald aus dem Staube machen. In solchen Metropolen hat das Geld jedenfalls noch eine besondere Bedeutung: Privilegierungswert, Ausweischarakter. Einer „frißt" in einer Kaschemme einen Fleischbrocken für fünf Mark, ein andere „speist" im Nobelhotel, von fünf Servierern umgeben, denselben Fleischbrocken für fünfhundert Mark. Das ist frugal ohne Bedeutung, sondert aber den Plebs vom Geldadel - so, wie eine „gepflegte Garderobe" den Nichtstuer zur elitären Erscheinung erhebt.

Dabei wäre alles viel einfacher gewesen: Gestern Abend hätte ich nur noch mit dem Bus zum Sofioter Campingplatz zu fahren brauchen, ziemlich weit außerhalb der Stadt. Zeit hatte ich ja. Und wie ich später erfuhr, hatten einige Leute dort sogar ganz umsonst übernachtet - und vermutlich wesentlich besser als ich. Dafür aber weiß ich nun, wie es in einem Hotel zugeht.

12:30 Uhr. Nun aber wieder die Kraxe auf den Rücken - und auf und davon. Doch zuvor habe ich noch das Restaurant gesucht, wo ich auf meine Hotelrechnung hin tatsächlich noch ein Frühstück für 1,50 Lewa zu erwarten hatte. Nach einigem Hin und Her fand ich es auch - eine Selbstbedienungsgaststätte. Ich mußte noch 50 Stotinki drauf legen für etwas Kraut mit einem winzigen Stück Fleisch, einem Stück trockenen Kuchen und 0,2 Liter Limo.

Winki, winki, ihr Stotinki!

Auf den Straßen dann überall Gewühle und Gedränge. Massen von Leuten schoben sich dort hin und her. Mit meiner Kraxe auf dem Rücken scheine ich weit und breit der einzige Mensch dieser Art in dieser Stadt zu sein - und falle entsprechend auf. Doch ich möchte noch etwas durch Sofia wandern oder mit der Straßenbahn fahren und vielleicht auch noch etwas für die Zugfahrt oder sonst einkaufen. Das Wetter ist warm und schwül. Im Dunst ist über den Straßenfluchten hin und wieder das Witoscha-Gebirge zu erkennen. Die Sofioter haben es nicht weit bis dorthin.

Über eine Untergrundbahn verfügt Sofia nicht. Doch an verschiedenen Stellen gibt es Straßenunterführungen oder Ähnliches. Dort kann man dann restaurierte Reste der alten Römerstadt Serdica bewundern. Das alles wurde recht ansehnlich aus dem städtischen Untergrund heraus präpariert.

Dann komme ich auch noch an einer Moschee vorbei mit arabischen Inschriften. Sie macht aber einen sehr geschlossenen Eindruck.

Am türkischen Bad sprudelt eine Mineralquelle - lauwarmes Wasser mit einem Schild darüber, wo man den Mineralstoffgehalt ablesen kann. Viele Leute kommen und trinken von dem Wasser. Das Bad selbst ist ein prächtiger Bau oder vielmehr war das einmal, denn überall bleibt der Verfall unübersehbar. Aus den Dachtraufen hoch oben wachsen Birken.

Mit der Straßenbahn fahre ich zum Park „Swobodata" und steige aus am „Dworez na pionerite". Das immerhin ging damals noch ganz einfach, ich meine, mit Geld bezahlen und Straßenbahnfahrtkarte kaufen. Und Park ist immer gut, denn jetzt plagt mich ein akuter Durchfall. Was tun? (sprach Lenin). Gleich habe ich was in der Hose. Doch so eben ist das Leben in den fremden Metropolen.

In der Nähe entdecke ich sogar ein einsames WC. Hier sind nun auch kaum Leute unterwegs. Es geht eine Treppe hinunter. Unten angekommen sind vier der Toiletten unverschließbar. Die vierte Kabine aber ist verschlossen. Und vier große, stattliche Männer halten sich in den offen stehenden Toiletten auf. Ganz offensichtlich tun sie hier nichts, sondern tun nur so, als täten sie ihr Geschäft machen. So verziehe ich mich schleunigst wieder - um nicht womöglich noch in ihre Geschäfte mit einbezogen zu werden. Stattdessen suche ich nun ein dichtes Gebüsch, wo ich die Unterhosen wechsele.

Der Park-Wald hier ist ungepflegt, ist von Trampelpfaden durchzogen - Gestrüpp, Abfälle. Kreischend und fauchend schaukelt die Straßenbahn ein Stück ihres Weges hier hindurch. Dahinter breitet sich gleich wieder die breite Ausfallstraße aus, über die betriebsam der Verkehr dahin rast.

Ich wandere ein Stück weiter in Richtung Innenstadt. Der Park wird damit auch immer gepflegter. Dann gelingt es mir, in einem anderen öffentlichen WC die Hosen auszuwaschen. Das Waschbecken dort hat allerdings keinen Abfluß. Den vollen Eimer darunter mußte ich erst ausgießen, bevor ich es benutzen konnte.

Draußen hat sich unterdessen der Himmel bewölkt. Es ist nicht mehr all zu warm. Dann gehe ich vorbei am Büro der brasilianischen Fluggesellschaft und an der türkischen Botschaft und wandere weiter. Ich hab noch Zeit.

13:30 Uhr. Ich sitze auf einer einsamen Bank und studiere den Stadtplan. Viel kann ich nicht mehr unternehmen, denn mit Kraxe und Durchfall bin ich etwas eingeschränkt.

Ein fein angezogener älterer Herr in Anzug und Krawatte nähert sich mir. Er will etwas von mir - Stadtplan? Er fragt mich, ob ich Französisch spreche. Offenbar sucht er eine Toilette, ein WC. Woher aber soll ich als ein hier offensichtlich Fremder wissen, wo es in der Weltstadt Sofia eine Toilette gibt? Als ich das schließlich begriffen habe und ihm den Weg weise, stinkt er plötzlich ganz fürchterlich und dankt: Merci beaucoup! Als er weiter ging, zog eine dicke Fahne Fäkaliengeruch hinter ihm her. Er roch tatsächlich nach Scheiße, intensiv nach Scheiße, nach echter Scheiße.

Zuerst dachte ich ja, das wäre eine Täuschung. Dann tat mir dieser Mensch leid. Später jedoch wurde bei mir der Verdacht wach, daß dieser vornehme Grandseigneur lediglich zu einem ex-travaganten Club Sofioter Sonderlinge gehören könnte und sich nur interessant machen wollte, indem er mit vollgekackten Hosen durch die Parks streicht, um solcherart die Leute zu irritieren und zu verschrecken - und wenn möglich speziell Ausländer? Vielleicht war das seine Art, diese zu verspotten oder sich selber wichtig zu machen - großstädtisches Flair gewissermaßen?

Und jetzt wieder einmal sinnieren: Da war ich also unterwegs gewesen, raus aus dem dreckigen Leipzig. Doch nun befand ich mich in einer Art Warteschleife - und konnte mich besinnen. Ich hatte Ausblicke gehabt - die Berge, der Himmel, die Wälder, die Wolken, Wasser, Felsen, Schnee, Tiere, Pflanzen, Natur ... Jetzt aber war ich wieder einmal „angekommen", angekommen dort, wo man eigentlich nie ankommen sollte, sondern immer nur fort und weg und weiter und noch weiter.

Und hier nun endlich in dieser Stadt, in diesem Hotelzimmer letzte Nacht, in diesem Park heute, saß ich fast schon buchstäblich „in der Scheiße". Es ekelte mich. Es ekelte mich den ganzen Tag lang schon in dieser Stadt. Nur der Gedanke, daß ich morgen wieder unterwegs sein würde im Liegewagen, ließ es mich erträglich erscheinen - episodisch gewissermaßen. Doch alles das war auch gleich wieder wie ein ewiges Sinnbild für unsere Domestikation im Stall - und selber nur Vieh, welches über dem eigenen Mist und Mief geduldig blökend ausharren muß. Jetzt jedenfalls streifte ich nicht mehr herum, unterwegs über frisches Land, durch gesundes Leben. Jetzt war ich „daheim" und hockte auch gleich wieder im Dreck, als müsse es so sein, als ginge es nicht anders - nie, nimmer und nirgendwo.

15 Uhr. Ich bin bis zur Haltestelle der Straßenbahnlinie 3 gelaufen. Unterwegs werde ich von einem Herrn angesprochen, ob ich Mark in Lewa tauschen würde. Für 100 Mark könne ich bei ihm 40 Lewa bekommen. Doch ich lehne ab. Denn dazu müßte ich ja erst mein ganzes, vieles Geld auspacken. Und dann wird es für alles nicht mal ein Lewa - und der ist auch noch falsch?

Dann wieder mit der Bahn quer durch die Stadt bis zur Endstelle „Park Christo Smirenski" und wieder auf einer Bank Platz nehmen. Ich schaue mich um, wohin ich eventuell wieder verschwinden könnte. Doch es geht mir schon besser. Jetzt esse ich die ganze Tafel Schokolade auf, die ich mit mir durch die beiden Gebirge getragen hatte, dazu Kekse und als besonderen Luxus eine große, frische Zitrone.

Das ist hier jetzt ein richtiger Großstadtpark - etwas gepflegt, etwas verlottert - Pensionäre, Mütter mit Kinderwagen, Jugendliche, die Tischtennis spielen, daneben die Gleise der Straßenbahn. Der Park erinnert mich etwas an meine Besuche in Westberlin, als ich noch Kind war.

Ein alter Mann schreitet über den Platz. Eine alte Frau folgt ihm im Abstand. Dann fällt sie um und bleibt liegen auf dem harten Pflaster. Der Mann läuft weiter. Ich springe hinzu und versuche, die arme Frau aufzuheben. Sie kommt wieder zu sich, steht auf. Ich rufe. Der Mann dreht sich um, geht dann aber wieder weiter - die Frau hinterher. Ich begebe mich wieder zurück auf die Bank. Die Frau fällt wieder um. Jetzt kümmert sich ein anderer um sie. Dann kommt ein Rettungswagen angefahren. Die Frau wird eingeladen. Der Mann kommt zurück, bleibt stehen und schaut zu - Menschen - Schicksale. Mir fällt der bemerkenswerte Roman des ungarischen Schriftstellers Tibor Deri ein: „Der Herr G.A. in X."

19:30 Uhr, im Wartesaal des Hauptbahnhofes von Sofia. Zuvor wollte ich noch einkaufen und bin zuerst am Gemüsemarkt ausgestiegen. Dieser befindet sich im Zentrum an der Straße Georgi Kirkow. Die Tomaten kosten 90 Stotinki das Kilo. Es gibt Gurken, Kirschen, Melonen und Verschiedenes. Ich kaufe Kirschen und Tomaten. Hier werde ich ein weiteres Mal wegen Geld angesprochen. 42 Mark hätte ich mit meinem Rest-Geld dabei „gutmachen" können, doch es war mir nach wie vor zu unsicher - kleine Geschäfte! In meinem umtriebigen Leben habe ich ganz andere Geldmengen eingebüßt. Was sollen da noch diese paar Ostmark!

In verschiedenen Apotheken fragte ich nach dem Energix-Pulver. Vor allem wollte ich wissen, wie teuer es ist - weil es so westlich aussah. Sie hatten es aber nur aufgelöst in Flaschen. Auch einen Regenumhang wollte ich kaufen, traf aber auf kein passendes Geschäft. Und extra suchen wollte ich deshalb auch nicht - Menschengewühle in der Stadt.

In einem Laden kaufte ich für den Abend zwei Flaschen saure Milch. In einem anderen Laden, wo ich nur nach Getränken suchte, mußte ich dann diese Milch noch ein zweites Mal bezahlen.

Durch Zufall bekam ich in einem Geschäft Pfirsiche. Den Laden für „Schweps" fand ich erst nach langem Fragen. Zuerst dachte ich, dort befände sich der Altstoffhandel, weil riesige Flaschenstapel davor standen und Leute mit großen Taschen voller leerer Flaschen davor eine lange Schlange bildeten.

Noch auf dem Bahnhof trinke ich einen ganzen Liter Grape-Fruit-Schweps.

21:30 Uhr. Der Zug ist eingefahren. Ich steige ein. Und sogleich wird mir mein Liegewagenabteil zugewiesen. Noch ein bulgarisches Ehepaar steigt zu. Der Mann ist hektisch, kontrolliert überall, räumt dauernd hin und her, prüft sämtliche Hebel und bleibt beständig in Bewegung. Von ihrer Liege aus erklärt ihm die Frau ruhig, was er noch alles zu tun hat.

Im Zug, Budapest, Prag 08.07.87 Mi.

6:30 Uhr. Soeben ist der Zug über die Donau gerollt, während im Osten die Morgensonne dieses Tages über dem dunkelbraunen Wasser stand - ein breiter Fluß und nicht ganz sauber.

Wir haben Russe (Pyce) und die bulgarischen Grenzkontrollen passiert - Bulgaria ade! So richtig dort war ich ja ohnehin nicht, aber immerhin drei Wochen lang - lange Wochen ohne festes Quartier, keinerlei Vor-anmeldung, keine Einladung, alles nur „einfach so". Es geht! Und ich habe mich ganz wohl gefühlt in diesem Land. So ungastlich kann es also nicht sein.

Die Sonne zieht einen dicken, roten Strich über den Fluß. Der Zug fährt und fährt. Die Schienenstöße rattern ihr monotones Lied. Wieder hatte eine Fahrkartenkontrolle stattgefunden, dann 2 Uhr nachts Paßkontrolle, 5 Uhr Inspektion meiner Reiseerlaubnis („Visum"). Das Abteil ist jetzt voll. Ein alter Herr ist zugestiegen, der wie ich nach Leipzig will, und ein Ehepaar mit zwei Kindern. Ich habe meine Liege in der Mitte. Niemand im Abteil spricht deutsch oder Englisch. Doch von dem neu zugestiegenen Ehepaar wird mir jetzt ein Frühstück serviert. Die Frau reibt laufend sämtliche Hände ihrer Familie mit Kölnisch Wasser ab. Sie führen etwa fünf Liter Mineralwasser mit sich - „Gorna banja" - von dem der Liter (wenn ich mich recht entsinne) 1,50 Lewa kostet. Schwierig wird es bei ihnen mit dem Verstauen des vielen Gepäcks.

9:30 Bucuresti - langer Aufenthalt. Die Temperatur im Abteil steigt. Dann fahren wir wieder und nähern uns nun den Karpaten. Diese bilden auch ein beachtliches Gebirge!

13 Uhr. Wir haben die Berge passiert. Doch es schien mir eine andere Streckenführung als auf der Hinfahrt zu sein - zweimal durch Tunnel. Dann endlose Fahrt durch flache Landschaft - immer an einem Fluß entlang. Es könnte der Fluß Mures gewesen sein - ein gelbes, träges Wasser. Dahinter breiteten sich die Berge aus. Vielleicht könnte man auch dort einmal wandern?

19 Uhr Arad ist erreicht, und 21 Uhr geht es über die Grenze nach Ungarn. Hier gibt es nun wieder eine ausführliche Kontrolle des Zuges - anderthalb Stunden Aufenthalt! Auf der rumänischen Seite stehen hohe Wachtürme, die richtig mit Soldaten besetzt sind - so, als könnte hier tagtäglich der Krieg ausbrechen. Ist es so?

24 Uhr, Budapest-Nyugoti - die ungarische Hauptstadt. Diese kenne ich schon von früher. Hier muß ich mich nicht mehr umschauen oder Zwischenhalt machen. Hier war ich schon einmal.

Wieder in Leipzig 09.07.87 Do.

Draußen vor dem Zugfenster zieht eine nebelige Landschaft vorbei - CSSR.

11 Uhr, Praha-Holešlovice. Ich stelle meine Uhr auf 10 Uhr zurück. Der Himmel ist bedeckt. Nach der Hitze des gestrigen Tages ist es kühl geworden. Die Berge des Elbsandsteingebirges tauchen auf. In Bad Schandau erfolgt keine Zollkontrolle. Aber die Paßkontrolle behält meine reich bestempelte Reiseanlage ein - zur Auswertung bei der Stasi oder damit ich damit nicht noch mal reise oder wer anderes?

In Dresden werden unsere zwei Waggons, die jetzt die letzten am langen Zug sind, abgehängt. Bis auf den alten Herrn steigen alle Bulgaren aus meinem Abteil aus. Eine bulgarische Jugendgruppe im Zug singt Heimatlieder und versucht sich mit einem Sprachführer in deutscher Sprache - ein sympathisch fröhliches Völkchen. Und auf dem Hauptbahnhof in Leipzig erwartet die liebe Frau ihren Gemahl von seinem einsamen Ausflug in die ferne Gebirgswelt des südöstlichen Balkans.

Anhang, Utensilien für eine solche Reise (damals in jener Zeit):

Traggestell-Rucksack (Kraxe):	1,8 kg
Kraxe leer	1,5 kg
Schlafsack	3 kg
Unterlegmatte	0,3 kg
8 Fleischbüchsen	4 kg (reichten aus)
Gesamtgewicht bei Abfahrt:	17,5 kg

Dazu kamen noch diverse Kleinigkeiten, Reiseverpflegung und in Bulgarien Brot und Wasser, Gesamtgewicht: ~19 kg

Reisegepäck:
3 Unterhosen, 3 Unterhemden („Nikis"),
3 Paar dicke Strümpfe (neu), 1 Paar Bergschuhe
   (die noch etwas aushalten – also möglichst neu oder bewährt),
1 Paar Füßlinge (für die Hütten oder für Gummi-Stiefel),
1 Turnhose zum Wandern an warmen Tagen,
1 langer, strapazierfähiger Pullover
2 leichte Hosen (eventuell Latzhosen),
1 dicke, warme Unterhose, die bis an die Brust reicht
   für kalte Tage (selber nähen)
1 Regenjacke, möglichst weit, leicht und vollkommen
   wasserdicht, mit großen Innentaschen,
1 leichter Regenumhang oder große Folie (oben zusammengebunden), oder gummiertes „Wanderkleid" mit Beinfreiheit
Schlafsack (ist für die Hütten nicht unbedingt nötig, aber günstig),
große, dünne (metallisierte) Folie zum Abdecken bei Unfällen (?)
1 Isoliermatte, leichtes Zelt?
1 Strickmütze warm
1 Paar dicke Handschuhe (warm, Skihandschuhe)
1 leichte Schirmmütze mit großem Schirm als Sonnenschutz
2 Taschentücher, 1 Handtuch,
Diverse leichte Plastebeutel zum Einpacken in der Kraxe, für Sachen, Lebensmittel und Papier, auch als Ersatzbeutel!
Brustbeutel für Geld, Visum, Fahrkarten (alles in einer Plastetüte).

Ausweise und Geldbörse immer griffbereit!
Nähzeug: Diverse Nadeln, reißfester Sternzwirn, Stopfgarn, Schere, ganz kleine Flachzange zum Ledernähen, Sicherheitsnadeln, Draht, Bindfaden.
Fahrtenmesser mit Schlinge für das Handgelenk, Ersatztaschenmesser, Löffel,
Trinkflasche 1 Liter aus Kunststoff,
Feuerzeug, Streichhölzer, (Benzinkocher, Benzin 300 ml),
2 Kerzen, Wanderkarten, Notizheft mit Kalender,
Faltbeutel zum Einpacken von häufig gebrauchten Dingen (Wanderkarte, Tagesverpflegung, Regensachen), um ihn draußen an die Kraxe zu hängen,
5-10m Zeltleine (neu) zum Sichern, Reparieren, Umhängen,
Zahnbürste, Zahnpaste, 1 bis 2 Stück Seife, Trinkbecher,
(Trinkschlauch für Wasserspalten). Zum Kochen kann eine leere Fleischdose verwendet werden. Leichter Büchsenöffner, Toilettenpapier, kleiner Taschenspiegel, Schreibzeug, Adressen,
Wörterbuch, Sonnenschutzcreme, Medikamente, Pflaster, Binden, Vitamintabletten, Fotoapparat (mit Weitwinkelobjektiv),
Fernrohr (klein, leicht - ist gut zum Erkunden von Wegeverläufen),
Blitzknaller, Lauge, Pfeffer, Paprikapulver gegen Bären,
spitzer Hundenagel (vorn an Stöcke zu befestigen, um damit eventuell Hunde abzuwehren), Schuhcreme in Tuben.

Nahrungsmittel:
Eine halbe Fleischbüchse pro Person und Tag (am besten: Eberswalder Rindfleisch). Dauerwurst nur wenig, da zu salzig.
Ein halbes Kilo Zucker (oder mehr, falls Einkauf nicht möglich), Haferflocken, Knäckebrot (z.T. als eiserne Reserve),
Traubenzuckertabletten (nicht zu viele - 4 Tabletten pro Person und Tag und nur unmittelbar vor größeren Aufstiegen).
Aromatische, leicht lösliche Bonbons für Tee,
Kuko-Reis, Nudeln, Rosinen, Zitronensäure, (Natron = Natriumbikarbonat), Milchpulver, Kakao, Knoblauch, Zwiebeln, Mohrrüben, Kaugummis zum Verschenken.

Milton Keynes UK
Ingram Content Group UK Ltd.
UKHW032221231124
451423UK00014B/1315